- 北京市社会科学基金重点项目——基于生态位的京津冀城市群协同度用研究，项目号18YJA003
- 北京联合大学"人才强校优选计划"拔尖计划项目——基于"三生共冀协同发展评价模型与应用研究，项目号BPHR2020BS01
- 中国科协学会服务中心公共服务系列研究项目——国内外区域创新合作网络典型案例分析，项目号2020GGFWZLTS005

# 生态位视角区域协同发展研究

SHENGTAIWEI SHIJIAO
QUYU XIETONG FAZHAN YANJIU

李剑玲 著

知识产权出版社
全国百佳图书出版单位
—北京—

## 图书在版编目（CIP）数据

生态位视角区域协同发展研究/李剑玲著. —北京：知识产权出版社，2021.6
ISBN 978-7-5130-7541-1

Ⅰ.①生… Ⅱ.①李… Ⅲ.①区域经济发展—协调发展—研究—华北地区 Ⅳ.①F127.2

中国版本图书馆 CIP 数据核字（2021）第 100572 号

### 内容提要

本书是基于生态视角的区域协调创新发展研究的著作，从生态角度对区域发展的多层次问题进行了分析与论述。在习近平总书记新区域发展观指导下，结合"一带一路"倡议，结合区域发展实践，基于生态系统思维，依据生产、生活、生态的"三生共赢"理论，从区域的产业行业企业发展、城市群发展等方面，进行区域一体化发展、区域生态治理、区域协调发展等创新研究，从而为实现区域经济、社会和环境的可持续发展提供参考和借鉴。

责任编辑：石红华　　　　　　　　　　责任校对：谷　洋
封面设计：邵建文　马倬麟　　　　　　责任印制：孙婷婷

## 生态位视角区域协同发展研究

李剑玲　著

| 出版发行 | 知识产权出版社 有限责任公司 | 网　　址 | http://www.ipph.cn |
|---|---|---|---|
| 社　　址 | 北京市海淀区气象路 50 号院 | 邮　　编 | 100081 |
| 责编电话 | 010-82000860 转 8130 | 责编邮箱 | shihonghua@sina.com |
| 发行电话 | 010-82000860 转 8101/8102 | 发行传真 | 010-82000893/82005070/82000270 |
| 印　　刷 | 北京建宏印刷有限公司 | 经　　销 | 各大网上书店、新华书店及相关专业书店 |
| 开　　本 | 787mm×1092mm　1/16 | 印　　张 | 12.5 |
| 版　　次 | 2021 年 6 月第 1 版 | 印　　次 | 2021 年 6 月第 1 次印刷 |
| 字　　数 | 190 千字 | 定　　价 | 58.00 元 |
| ISBN 978-7-5130-7541-1 | | | |

出版权专有　侵权必究
如有印装质量问题，本社负责调换。

# 前　言

　　实现京津冀协同发展是国家重大战略，习近平总书记在十九大报告中提出"以疏解北京非首都功能为'牛鼻子'推动京津冀协同发展"。在京津冀协同发展的重要时期，生态建设问题很重要，生态与经济、社会的协同发展问题尤显重要。区域协同发展观是习近平总书记重要思想的一部分，习近平总书记提出了新区域发展观，生态位视角的区域协同发展研究符合目前国家发展的重大战略思想，也是"一带一路"倡议的具体实践。基于生态位视角，多层次地研究区域协调创新发展，具有学术前沿性和应用实践性，具有一定的理论参考价值和现实指导意义，这也是本书的写作目的和意义。

　　本书基于生态系统思维，依据生态、生产、生活的"三生共赢"理论，从区域协同的产业行业企业发展、高教人才发展、城市群发展等方面，进行区域一体化发展、区域生态治理、区域协调发展等创新研究，以实现区域经济、社会和环境的可持续和谐发展。

　　本书基于生态位视角和系统论思维，依据生态经济学和管理学理论，结合经济社会发展学，综合运用文献分析法、比较分析法、因果分析法和实证分析法等，在 PEST 分析法、SWOT 分析法的基础上，将定性分析和定量研究相结合，用模糊综合评价法进行指标分析与评价，使政府、企业和社会三者合力互动；加大政府引导和区域协调，构建生态位视角的政治、经济、社会、技术、环境"五位一体"和政府、企业、公众"三维一体"发展模式；加强产业关联生态化，优化产业生态空间布局，实现京津冀区域的优势互补和共赢发展；加强京津冀协同创新发展，促进京津冀区域经济、社会和环境的可持续发展。

　　本书在生态位相关理论基础上，结合实证分析，探索研究其在区域协同发展中的应用。首先，分析基于生态位的京津冀区域城市发展，在生态城市评价体系研究基础上，探索京津冀城镇化创新发展；其次，分析基于生态位的京津冀区域交通发展，在生态交通系统基础上，探索京津冀交通一体化发展；再次，分析基于生态位的京津冀区域商务发展，在商业生态系统基础上探索商业模式创新，以及行业企业的可持续发展。又次，分析基于生态位的京津冀区域经济发展，在经济一体化发展基础上，探索京津冀区域经济与社会的可持续发展；最后，分析基于生态位的京津冀区域创新发展，在区域生态创新发展研究的基础上，探索京津冀区域协同创新的可持续发展。

相比其他同类著作，本书是在传统的经管思维和方法基础上进行创新研究，基于生态位的视角，结合了生态系统思维，视野和思路更开阔，方法和途径更灵活。从生态系统思维出发，进行区域协同发展问题的创新探讨。本书定性分析和定量研究相结合，并结合区域协同发展实践进行探索，促进区域经济、社会和环境的可持续发展，具有实际应用参考价值。

本书在编写过程中，得到了资助项目研究团队成员的指导与协助，他们为编写提供了素材与才智。作者的研究生张静静同学参与了第一章、第三章和第五章的撰写。白语菲同学参与了第二章、第六章的撰写，樊响同学参与了校稿。

本书内容丰富，结构合理，理论与实践紧密结合，注重知识体系的完整性和专业技术的前沿性。本书适用于从事管理类和经济类专业工作的相关人士，也可供从事相关领域的政府、企业、科研单位研究人员及大学师生参考阅读。

在本书的撰写过程中，得到了导师李京文院士的大力指导和帮助，在此向他表示衷心的感谢。

由于作者水平有限，著作中难免有疏漏和不足之处，恳请广大读者批评指正。

2020 年 11 月于北京

# 目 录

## 第一章 生态位的相关理论及其应用 ......1
### 第一节 生态位的相关理论 ......1
一、生态学 ......1
二、生态位 ......4
### 第二节 生态位理论的相关应用 ......10
一、生态位在区域发展中的应用 ......11
二、生态位在城市发展中的应用 ......13
三、生态位在企业管理中的应用 ......18

## 第二章 生态位的京津冀区域城市发展 ......26
### 第一节 生态城市评价分析研究 ......26
一、生态城市评价理论分析 ......26
二、生态城市评价体系 ......29
三、生态城市评价研究方法 ......32
四、生态城市评价研究发展与创新 ......33
### 第二节 绿色经济时代中国城市建设发展研究 ......39
一、中国低碳绿色经济发展 ......39
二、中国城市建设的战略思考 ......40
三、中国城市建设的问题与对策 ......43
### 第三节 北京生态城市建设发展研究 ......47
一、生态城市建设的研究论述 ......47
二、生态城市建设的理论探索 ......49
三、生态城市的发展模式 ......52

  四、京津冀区域生态一体化发展 ………………………………… 53
  五、北京生态城市建设的问题及策略 …………………………… 55
 第四节 京津冀新型城镇化创新发展研究 ……………………………… 58
  一、城镇化创新发展的必然性 …………………………………… 59
  二、京津冀城镇化发展现状 ……………………………………… 60
  三、京津冀与长三角、珠三角城镇化比较分析 ………………… 62
  四、京津冀城镇化创新发展模式及发展策略 …………………… 64

第三章 生态位的京津冀区域交通发展 …………………………………… 69
 第一节 生态交通概念与目标 …………………………………………… 69
  一、生态交通相关概念 …………………………………………… 69
  二、生态交通系统的发展目标 …………………………………… 70
 第二节 京津冀交通发展现状 …………………………………………… 72
  一、京津冀区域基本情况 ………………………………………… 72
  二、京津冀交通基本情况 ………………………………………… 74
 第三节 京津冀区域生态交通发展 ……………………………………… 77
  一、京津冀区域协同发展 ………………………………………… 77
  二、京津冀交通一体化 …………………………………………… 80

第四章 生态位的京津冀区域商务发展 …………………………………… 84
 第一节 基于商业生态系统的商业模式创新研究 ……………………… 84
  一、商业生态系统 ………………………………………………… 84
  二、商业模式创新 ………………………………………………… 85
  三、基于商业生态系统的商业模式创新 ………………………… 86
 第二节 北京城市市民低碳生活质量调研 ……………………………… 90
  一、市民低碳生活的体现 ………………………………………… 90
  二、北京市民低碳生活现状分析 ………………………………… 92
  三、北京市民低碳生活质量提升策略 …………………………… 94
 第三节 生态视角京津冀生产性服务业发展研究 ……………………… 97
  一、京津冀服务业发展 …………………………………………… 97

二、生态视角的服务业 ·············· 98
　　三、京津冀生产性服务业发展 ·············· 100
　　四、京津冀生产性服务业发展策略 ·············· 102
　第四节　基于生态位的企业发展战略分析 ·············· 107
　　一、生态位内涵及其延伸 ·············· 107
　　二、基于生态位的企业发展模式 ·············· 109
　　三、基于生态位的企业发展战略 ·············· 110
　第五节　生态文明的企业社会责任管理创新研究 ·············· 114
　　一、生态文明呈现出新常态 ·············· 114
　　二、生态文明视角的企业社会责任评价理论基础 ·············· 115
　　三、生态文明视角的企业社会责任评价影响因素分析 ·············· 117
　　四、生态文明视角的企业社会责任管理评价模型 ·············· 119
　第六节　生态安全视角企业社会责任管理模式研究 ·············· 123
　　一、生态安全概述 ·············· 123
　　二、生态安全角度的企业社会责任管理相关因素分析 ·············· 124
　　三、生态安全角度的企业社会责任管理模式创新 ·············· 127

第五章　生态位的京津冀区域经济发展 ·············· 132
　第一节　京津冀经济一体化发展战略 ·············· 132
　　一、经济一体化的概念 ·············· 132
　　二、京津冀经济一体化发展历程 ·············· 132
　第二节　京津冀经济一体化发展水平分析 ·············· 135
　　一、近十年京津冀整体发展水平纵向对比 ·············· 135
　　二、京津冀内部城市发展水平对比分析 ·············· 143
　　三、京津冀区域的经济一体化发展特点 ·············· 145

第六章　生态位的京津冀区域创新发展 ·············· 149
　第一节　京津冀区域校企合作创新发展研究 ·············· 149
　　一、京津冀区域校企合作的博弈分析 ·············· 149
　　二、京津冀区域校企合作现状分析 ·············· 151

三、京津冀区域校企合作创新策略 …………………………… 154
第二节　区域协同发展的校企合作创新生态博弈分析 …………… 157
　　一、校企合作创新发展 …………………………………………… 158
　　二、校企合作创新生态学分析 …………………………………… 159
　　三、校企合作创新生态博弈分析 ………………………………… 160
　　四、京津冀区域校企合作创新分析 ……………………………… 161
第三节　区域发展的产学研协同创新研究 ………………………… 163
　　一、产学研协同创新文献分析 …………………………………… 164
　　二、产学研协同创新的内涵界定 ………………………………… 166
　　三、基于不同视角的产学研协同创新 …………………………… 168
　　四、产学研协同创新发展趋势 …………………………………… 172
第四节　京津冀区域协同创新发展比较分析 ……………………… 174
　　一、京津冀与长三角、珠三角的比较分析 ……………………… 174
　　二、京津冀区域的优势比较 ……………………………………… 180
　　三、京津冀区域协同创新发展策略 ……………………………… 181
第五节　京津冀区域生态创新协同发展研究 ……………………… 184
　　一、京津冀区域生态创新发展的迫切性 ………………………… 184
　　二、新常态下京津冀区域生态创新发展 ………………………… 185
　　三、京津冀区域生态创新发展策略 ……………………………… 187

# 第一章　生态位的相关理论及其应用

## 第一节　生态位的相关理论

### 一、生态学

（一）生态与生态学

1. 生态的概念

生态一词源于古希腊语 oikos，本意是指"住所"或者"栖息地"。生态一般是指生物在一定的自然环境下生存和发展的状态，以及生物之间和生物与环境之间的相互关系，也可指生物的生理特性和生活习性，或者指生物对自然界的依赖、适应状态。[1]生物有机体在一定自然环境中的各种自然生存条件的总和就是生物的"生态环境"。

2. 生态学的概念

生态学是研究生物与生物之间，生物与其生存环境之间相互关系的科学。生态学是环境科学的重要组成部分，它包括生物圈、生态系统和生态平衡。（《卫生学大辞典》）

生态学是研究生物之间及生物与环境之间相互关系的学科，是20世纪60年代发展起来的生物学分科。研究生态学有重要意义，一般情况下，生态系统按照固有的规律缓慢地运动着，保持相对的平衡。（《新语词大词典》）

生态学是生物学的一个分支，是研究生物之间及生物与非生物环境之间相互作用的规律与机理的科学。生态学按生物的组织水平分个体生态学、种群生态学、群落生态学和生态系统生态学等。按自然景观分有森林生态学、草原生态学、淡水生态学、海洋生态学、太空生态学等。按生物类别分有植物生态学、动物生态学、微生物生态学等。生态学研究生物与非生物环境关系，对环境科学的兴起具有重要作用。环境科学研究又为生态学普及和深化起了重大推动作用，例如近年来对生态系统平衡、对生物圈这个最大生态系统的保护和对污染生态学的研究等成为生态学的中心研究内容。(《资本主义大辞典》)

对上述三个概念进行总结，生态学是一门研究有机体与其生存环境的相互关系及其作用规律的科学，包括从个体和群体两方面来探讨生物与环境的相互关系。德国生物学家海克尔（Haeckel）在1866年首次把生态学定义为"研究动物与其周围环境（包括非生物环境和生物环境）相互关系的科学"，特别是动物与其他生物之间的有益和有害关系。伴随着系统论、信息论、控制论等的注入，生态学的基本理论得以不断丰富和发展，为重新审视各领域的研究问题提供了新的思考。[2]总之，生态学的理论核心就是科学地处理生命有机体之间、有机体与环境之间的相互关系，运用现代科技，达到人、自然和生物之间均衡发展的目的。

3. 生态学的分类

生态学一般分为两类，理论生态学与应用生态学。顾名思义，理论生态学是研究生命系统、环境系统和社会系统相互作用的基本规律，通过建立关系模型，来预测系统未来的变化规律。[3]它主要涉及生态学过程的解释、生态关系的推理以及生态模型的建立等相关内容。应用生态学则是理论在实践中的具体应用。20世纪初以来，由于人口大幅度增长，科技发展迅速，工业化、城市化速度加快，人类社会在不断发展的同时带来了一系列严重的环境问题，资源匮乏、污染严重、全球变暖等问题的解决迫在眉睫。因此，许多学者专家开始把生态学的理论用于经济学、管理学、城市建设等各个学科和部门，应用生态学的分支学科就应运而生了，随着生态学在人口、经济、政治、文化等领域的应用逐渐成熟，其在社会发展中的重要作用也更加明显。

## （二）自然生态系统

### 1. 生态系统的概念

生态系统是指在自然界的一定空间内，所有生物与其生活环境所构成的统一整体，包括系统内部各个组成成分的相互影响、相互作用体系。在生态系统内部，生物和其所在环境在一定空间、时间内处于相对稳定的平衡状态。

生态系统的结构包括物种结构、营养结构和空间结构。物种结构主要指的是群落中的优势种类，把生态功能上的主要种类或类群作为研究对象。营养结构指生态系统中不同物种之间的"捕食"关系。生态系统的空间结构指群落的空间格局状况，包括群落的垂直结构和水平结构。[4]

生态系统由生物部分和非生物部分两部分组成。生物部分包括生态系统中的生产者、分解者和消费者，非生物部分是指无生命的自然环境。生态系统的各个组成成分对整个生态系统的物质循环、能量流动和保持平衡状态都起到重要作用，缺一不可。

### 2. 生态系统的类型和层次

生态系统根据不同的标准，可以划分为不同的类型。按照人类对生态系统的影响程度大小，生态系统可以分为自然生态系统、半自然生态系统和人工生态系统。

自然生态系统是指未受人类干预和扶持，在一定时间和空间范围内，依靠自然调节能力维持的相对稳定的生态系统，如原始森林、海洋等。半自然生态系统是指经过人为干预和扶持，同时也保持了一部分自然状态的生态系统，如人类经营和管理的农林生态系统。人工生态系统是以人类活动为中心，经过人类干预和改造之后形成的生态系统，它包含自然生态、社会环境和人类活动三个部分，是一个极其复杂的网络系统。人工生态系统中，人类经济、社会活动和人类自身的再生产是影响系统变化的决定因素。城市生态系统是最典型的人工生态系统。

物种、种群和群落是生态系统中最基本的层级结构。单个生物体是生态系统中最基本的单位，物种就是不同的生物类群，种群是指在一定时间内占据一定空间的同种生物的所有个体,在一定时间内和一定空间上分布的不同种群的集合称为群落。

## 二、生态位

### (一) 生态位的概念

1. 国外生态位概念的演变

生态位是现代生态学中一个重要而又抽象的概念,生态位理论是生态学中最重要的理论之一。1910年,美国学者R. H. 约翰逊(Johnson)首次提出"生态位"一词:"同一地区的不同物种可以占据环境中的不同生态位。"然而,他并未对生态位进行明确的定义,生态位未被发展成一个完整的概念。[5]美国生态学家J. 格林内尔(J. Grinnell)1917年最早给出生态位的定义:"生态位是恰好被一个种群或一个亚种群占据的最后分布单位",[6]即生物生存的空间单位。1927年,英国生态学家埃尔顿(Elton)认为生态位是物种在生态系统中所处的功能地位,学术界将其总结为功能生态位学说,[7]这是首次从生物功能的角度考虑生态位。1957年,英国生态学家哈钦森(C. E. Hutchinson)提出生态位是"一种生物和它的生物与非生物环境全部相互作用的总和",也就是把生态位看作一个生物单位所有生存条件以及它能够利用的所有资源的总和,将生态位拓展到生物的空间位置、功能位置和环境位置等诸多方面,即多维生态位。[8]他通过数学抽象思维,把生态位看成一个生物元全部生存条件的集合,将其拓展为既包括生物的空间位置及其在生物群落中的功能地位,又包括生物在环境空间的位置,即所谓的"多维超体积生态位"。哈钦森认为生物在其生存环境中受到多个资源因子的供应和限制,每一种因子都对应着一个适合生物成长发展的区间,在这个区间内部的任何一点所构成的环境资源组合状态上,这个物种都可以正常生存繁衍,一旦超过这个区域,物种的生存发展就会受到影响,所有这些状态组合点共同构成了该物种在该环境中的多维超体积生态位。[9]

基于多维生态位基础,生态位可以被分为基础生态位和现实生态位两类。理想的生态位就是在某个生态位中，生物没有竞争者和捕食者等天敌，所有环境条件都处于最适宜的状态，被称为基础生态位。现实中，生物不会遇到完全理想化的环境条件，生态位中含有各种限制生物发展的因素，包括气候、温度和竞争等，称为现实生态位。奥德姆（Odum）把生态位定义为某种特定生物在群落和生态系统中所处的位置和状况，而这种位置和状况决定于该生物的形态适应、生理反应和特有行为。[10]他生动地把生境比作生物的"住址"，而把生态位比作生物的"职业"。生物生态位与生物环境不同，生物生态位包括生物与其生态环境之间相互作用的各种方式和对其生态环境的利用能力。惠特克（R. H. Whittaker）认为生态位是指每个物种在群落的时间和空间的位置及其机能关系。[11]

2. 国内生态位概念的演变

我国对生态位理论的研究始于20世纪80年代初。学者王刚等应用集合概念定义生态位，对哈钦森的生态位理念进行了改进，广义上将生态位定义为：一个物种的生态位就是表征环境属性特征的向量集到表征种的属性特征的数集上的映射关系[12]。马世骏（1990）主编的《现代生态学透视》提出了扩展的生态位理论，定义了一种能用于不同生物组织层次的一般性概念：在生态因子变化范围内，能够被生态元实际和潜在占据、利用或适应的部分，称为生态元的生态位，其余部分即不能被生态元实际和潜在占据、利用和适应的部分，称为生态元的非生态位。[13]安树青等（1994）主编的《生态学词典》认为"生态位是指在生态系统和群落中，一个物种与其他物种相关联的特定时间位置、空间位置和功能地位"[14]。张光明、谢寿昌（1997）指出"一定生态环境里的某种生物在其入侵、定居、繁衍、发展以至衰退、消亡历程的每个时段上的全部生态学过程中所具有的功能地位，称为该物种在该生态环境中的生态位"[15]。朱春全（1997）提出生态位态势理论与扩充假说，他指出生态位是生物单元在特定生态系统中与环境相互作用过程中所形成的相对地位和作用，生态位概念应包括生物单元的"态"和"势"两个方面。[16]

综上所述，生态位的概念一直不断发展完善，可以认为生态位就是自然生态系统中的一个种群在群落和生态系统中所处的位置和状况，以及其对其他种群乃至整个生态系统所产生的功能作用。自然生态系统中的每种生物经过长期的生存发展都会形成一个最适合自身生存的生态位。在生物学领域，生态位及其相关理论的应用主要体现在生物和环境之间的相互作用关系、生物种群之间的竞争和合作关系等方面，通过研究生物对环境资源的利用和生物之间的竞争关系，来探究生物系统的多样性和稳定性关系。

3. 功能生态位、生境生态位和超体积生态位

每一种生物在自然界中都有其特定的生态位，这是生物在自然界中生存和发展的基础。三种典型生态位的类型包括功能生态位、生境生态位和超体积生态位等。

功能生态位强调物种在生态系统中所处的功能地位，可以理解为在一定的生态系统中，在一定的时间和空间下，某种生物对环境和竞争者具有的影响和作用，它强调的是物种与物种之间的营养关系，一个物种的生态位就体现了它在自然生态系统内部的营养级位置和它的取食习惯。

生境生态位又称空间生态位，强调不同的物种在同一区域中占据环境资源的不同位置。一个物种的生态位表明它在生物环境中的地位及其与食物、天敌的相互关系。

超体积生态位把生态位看成一种超体积或多维的空间，在现实环境中，由于物种之间的竞争和自然环境资源的限制，每个物种只能占据理想生态位的某些部分，也就是实际生态位。

## （二）生态位理论

生态位的概念是生态学的重要基石，生态位理论是生态学的核心理论。随着人们对生态位现象认识的不断深入，生态位理论研究也不断发展，生态位的基本理论主要包括以下几个方面。

1. 生态位测度

在衡量生态位特征时，通常采用一系列以数量形式存在的指标进行具体的测度，主要包括生态位密度、宽度和重叠度等，这些概念是生态位理论中生态位重叠和分离理论的重要基础。

（1）生态位密度。由于资源的有限性，现实情况中不存在某种生物群落占据所有的环境资源，同一资源空间可能会出现两种或者多种生物，生态位密度就是指一定的生态资源空间中生物的种类和数量。生态位密度越高，说明同一生态资源中生物的种类和数量越多，资源竞争强度更大，生物被淘汰的风险更大。

（2）生态位宽度。生态位宽度指生物群落可以利用的各种环境资源的总和，也就是一种生物能利用的各种不同资源总和的幅度或对资源利用的多样化程度，是衡量生物获取资源能力强弱的概念。生态位宽度反映了生物对生态系统中环境资源的适应程度，一般来说，生态位宽度与生物的适应度成正比，生态位越宽，生物的适应范围越大。测量某个种群的生态位宽度，有利于了解其在群落中的相对地位，因此生态位的宽度是一个可以直接衡量物种生态位大小以及与其他物种生态位关系地位的重要指标。生态位宽度的计算公式有很多，下面是一种应用最广泛的计算方式。

$$N_i = (S_i + A_i P_i) \Big/ \sum_{j=1}^{n} (S_j + A_j P_j)$$

式中，$i$，$j=1$，2，…，$n$；$N_i$ 为生物单元 $i$ 的生态位宽度；$S_i$，$S_j$ 分别为生物单元 $i$，$j$ 的态；$P_i$，$P_j$ 分别是生物单元 $i$，$j$ 的势；$A_i$，$A_j$ 为量纲转化系数，将 $S_j + A_j P_j$ 称为绝对生态位。

（3）生态位重叠度。在自然系统中，经常发生两种不同种类的生物需要使用同一种环境资源，促使两种物种对同一资源进行争夺，形成竞争行为，这种现象就是由生态位重叠所导致。因此，生态位的重叠度是指生物群落之间生态位的相似程度，也可以理解为各种生态因素相同的比例，多个生物群落在同一生态系统中处于相同的时间、空间位置，利用相同的环境资源就会产生生态位重叠的情况。生态位重叠水平取决于不同物种采用同种资源的概率以及各自生态位宽度大小。生态位重叠度越高，竞争越激烈，发展失败率越高。[17]企业可以通过差异化策略降低与其他企业之间的生态位重叠度，处于非重叠生态位上的企业可以互补依赖，共生依存。

2. 生态位重叠与分离

基于生态位测度的概念，不同的生物物种在生态系统中占据不同的地位，由于环境的影响，它们的生态位会出现重叠、分离等现象。

(1)生态位重叠。生态位重叠指两种生物共同占用生态系统内部同一种资源，也就是两种物种对同一资源进行争夺的竞争行为。根据物种之间生态位重叠度水平由低到高可以将物种之间生态位的关系分为：生态位完全分离、生态位部分重叠和生态位几乎完全重叠三个部分。在生态位完全分离的状态下，两种物种没有资源争夺，不存在竞争行为；在生态位部分重叠的状态下，两种生物在重叠的生态位上存在适度竞争，但是其竞争强度较小，因此两种生物可能发生共存；在有限的资源条件下，随着时间、空间、资源等维度的重叠不断增加，物种之间的竞争更加激烈，当出现两种生物利用的资源条件几乎完全一致即两个物种的生态位几乎完全重叠时，必然导致一方被淘汰出局，具体包括消亡和改变生态位两种途径。

在自然环境中，具有亲缘关系、相同或相似的生活习惯、生活方式的物种，无法生活在同一地理区域内，换言之，生活在同一地理区域内的物种必定捕食不同生物，或在不同的时间活动，以其他方式利用不同的资源，占据不同的生态位。正是这种在自然界中通过自然选择而引起生物的生存发展发生改变，使得千千万万的物种能够找到自己的生存空间和生存方式，避免过度竞争和生态位重叠，达到一种有序平衡的状态。[18]

综上所述，两个物种生态位发生的重叠部分必然发生竞争排斥作用。如果竞争是强烈的，则在发生竞争的生态位空间/领域内只能保留一个物种。生态位重叠程度越大，某一物种所独用的资源空间就越小，竞争作用越强。如果两个生态位是完全分开的，则不会有竞争。生态位重叠是竞争的必要条件但非充分条件，竞争发生与否取决于资源供给状态。当自然资源丰富，供应充足，能够满足同一生态位的所有生物所需时，生态位即使重叠也不发生种间竞争；反之如果资源贫乏，供应不足，那么生态位稍有重叠，就会发生激烈的种间竞争。

(2)生态位分离。生态位分离又称竞争排斥原理或高斯原理，指竞争体部分或全部地从潜在的生存和发展空间退出，从而消除与其他生物种群的完全竞争，消除生态位的重叠，最终实现稳定共存的平衡状态。[19]

具体来说，就是在资源有限的条件下，生态位高度重叠的两个生物种群会产生激烈的竞争行为，一般会造成两种结果：一种结果是一种物种完全被淘汰，走向消亡；另一种结果是一种物种通过改变当前的生存空间、活动时间和食物资源等途径，达到改变生态位的目的，从而减小竞争程度，实现两个物种共同生存的平衡状态，两种情况都导致不同程度的生态位分离现象。

生态位分离是对抗竞争的一种重要方式。在自然界中，位于同一时间、空间的物种，都存在不同程度的生态位重叠现象，对有限环境资源的竞争随着时间会愈演愈烈，生态位分离的两种结果就是降低竞争程度的有效途径。生态位分离是物种进化的直接动力，物种的共存离不开生态位的分离。[20]

生态位分离可以加快物种进化速度，在环境资源丰富充足的条件下，生物种群在进行资源选择时会遵从优中选优的思想，一切选取最好的资源，遗弃品质差的资源，这种选择趋势在食物资源方面最明显，被称为"特化"现象；与此对应的是另一种"泛化"现象，指在环境资源缺乏的条件下，物种为了保证自身持续生存发展，对各种资源的要求会降低，往往会成为杂食或者广食性生物。[21]

生态位的重叠与分离对物种间的竞争关系研究十分重要。产生竞争现象的本质是物种在同一个生存范围内的生活发展过程中对相同生产要素的争夺。当争夺现象日益加剧，即资源供给不足以提供全部物种正常的生存发展的需求时，便会产生竞争现象。伴随竞争现象的加剧，物种要么会变动要素需求，要么会发生生态位移动以达到新的平衡。在现代生态学中，生态位理论和方法不仅广泛用于自然生态系统，而且对于社会生态系统也具有重要意义。

3. 生态位扩充与压缩

生态位扩充就是在资源竞争激烈的条件下某种生物拓宽资源范围的行为，一种生物的生态位扩充往往伴随着对另一种生物生态位的入侵，这种入侵可能打破某个生态位的原有平衡状态，从而导致某种生物在竞争中被淘汰，通过这种方式释放出所占有的资源空间，并且使优势物种的生态位得到扩充。

外来物种的入侵并不一定导致原有物种消亡，也有可能与原有物种发生竞争导致原有物种缩小活动范围，这种现象被称为生态位压缩。生态位扩充与压缩实际上就是生物进化的过程，是推动物种由低级向高级、由简单向复杂演化的动力机制。

4. 生态位演进

生态位演进指某种特定生物在群落和生态系统中所处的位置和其所发挥的功能作用，随着生态系统的变化和生物自身的发展，生态位会发生变化，往更有利于生物发展成长的方向演进。由于生物有机体具有互利共生的特质，因此，生态位的演进不一定是替代关系，可能是互惠互利的共生关系。

5. 生态位态势

态势理论是生态位理论的基础理论之一。"态"就是指是生物元的现存状态，也就是生物元一直以来的学习、成长以及与生态环境和其他生物相互作用的结果；"势"指的是生物元对环境的现实影响力或支配力，包括生物元的能力转换和物质变换的速率、增长率、竞争力等，反映了生物元的未来生存能力。潜在生态位对生物的未来发展具有重要作用，它是指还没有被发现、占有，但在未来可能被利用的各种资源，在激烈的竞争条件下，潜在生态位更容易被发现和利用。

## 第二节　生态位理论的相关应用

生态位体现的是物种在生态系统中所处的位置，是物种生存和发展对资源的利用程度以及各物质之间的关系。生态位理论自1917年被学者格林内尔首次提出，已经历经百年发展，其理论不断丰富，研究的领域也在不断扩大。从最初在生物多样性、群落结构和演替、种间关系以及种群进化等方面的研究，逐渐渗透到其他科学领域。生态位不仅适用于自然环境子系统中的生物，同样适用于社会子系统、经济子系统中的功能和结构单元，在人类社会发展的诸多领域都可以运用生态位进行构想和设计，生态位日益广泛地应用于农业、工业、经济、教育、政治等领域。

近年来，生态位在区域发展、城市发展和企业管理等方面的应用成为诸多学者的研究热点。

## 一、生态位在区域发展中的应用

关于区域旅游的研究是生态位理论在区域发展方面的典型应用。在经济全球化、区域一体化驱动下，旅游业已成为支撑国民经济发展的战略性支柱产业。随着大众旅游时代的到来，区域旅游成为关注热点，近年来，旅游业发展迅猛，旅游业的竞争愈加激烈。从生态位的角度思考，旅游行业也是一个生态系统。运用生态学理论来研究区域旅游之间的竞争关系，分析旅游地的位置和功能及竞争地位，科学地把握城市之间的旅游竞争关系，可以有效促进旅游资源的充分利用和区域旅游业的发展。

### （一）旅游生态位含义

旅游生态位是指在特定的区域环境中，基于旅游区域与当地经济发展、区域环境以及其他旅游区域的相互作用，在旅游资源、旅游市场、社会经济和生态环境等维度上，所占有的生态地位和所发挥的功能作用。生态位理论涵盖了物种当前状态及其对现实环境的影响力两方面，前者被定义为生态单元的态，后者可以被看作物种的势，这两方面综合体现物种在生态系统中的地位和作用。[22]与生物生态位概念相似，旅游生态位也可以从"态"和"势"两个方面理解，"态"是指旅游地积累的资源、环境、市场等的现实状态，是其当前发展现状；"势"是衡量其未来发展潜力的指标，包括旅游地可能对环境以及其他旅游地的影响作用等。

### （二）区域旅游生态位态势理论和评价体系

根据多维生态位理论，一般从旅游资源维、旅游市场维、经济社会指标维、生态环境指标维四个维度构建旅游生态位评价指标体系，[23]如表1-1所示。通过对旅游资源各指标定义具体的分值，将旅游城市的生态位进行量化，并根据生态位的计算公式将这些影响区域旅游生态位的变量进行综合计算，再根据综合生态位公式计算出各个城市的综合生态位数值，从而直接进行对比。

表 1-1　区域旅游生态位评价指标体系

| 目标层 | 系统层 | 指标层 |
| --- | --- | --- |
| 综合生态位 | 旅游资源 | 世界遗产、国家级非物质文化遗产 |
| | | 国家历史文化名城、名镇、名村 |
| | | 国家3A级及以上旅游景区 |
| | 旅游市场 | 旅游总收入 |
| | | 旅游总人数 |
| | | 旅行社数量 |
| | | 三星级及以上旅游酒店数 |
| | 经济社会指标 | 人均GDP |
| | | 第三产业增加值 |
| | | 社会消费零售总额 |
| | | 城镇常住居民人均可支配收入 |
| | | 年末居民储蓄余额 |
| | 生态环境指标 | 生态环境状况指数 |
| | | 中心城市空气质量指数 |
| | | 省级及以上森林公园数 |
| | | 省级及以上自然保护区数 |

资料来源：刘丽梅，吕君. 基于生态位理论的内蒙古自治区旅游发展研究 [J]. 生态经济，2019，35（11）：125-130.

$$M_{ij} = \sum_{i=1}^{n} N_{ij}/n$$

式中，$M_{ij}$ 表示某城市的综合旅游生态位；$N_{ij}$ 表示单元 $i$ 各个指标的生态位；$n$ 表示指标的个数；$j$ 表示城市的个数。各类生态位及总的生态位的取值范围在 0~1，且总和为 1。

## （三）区域旅游生态位应用

通过生态位评价体系和生态位态势理论，测算区域旅游的综合生态位以及各旅游城市的生态位宽度和生态位重叠度等相关指标，对不同城市的旅游生态位进行分类。通过生态位宽度分析区域旅游的资源状况和发展潜力，通过生态位重叠度分析各个旅游区域之间的旅游生态位重叠状况，从而分析竞争状况。在各个层面分析的基础上，找出各地旅游发展面临的问题，运用生态位理论中生态位演进、扩充与压缩、分离与共存、泛化与特化等内容，从城市旅游生态位的扩充与分离策略、协同发展策略以及全域旅游发展策略等方面进行思考，对不同城市的发展提出针对性措施，从而为区域旅游业竞争力发展提供相关建议。[24]从生态系统的角度，建立新的区域旅游竞争模式，形成区域旅游共生系统，如图1-1所示，促进区域旅游协调发展。

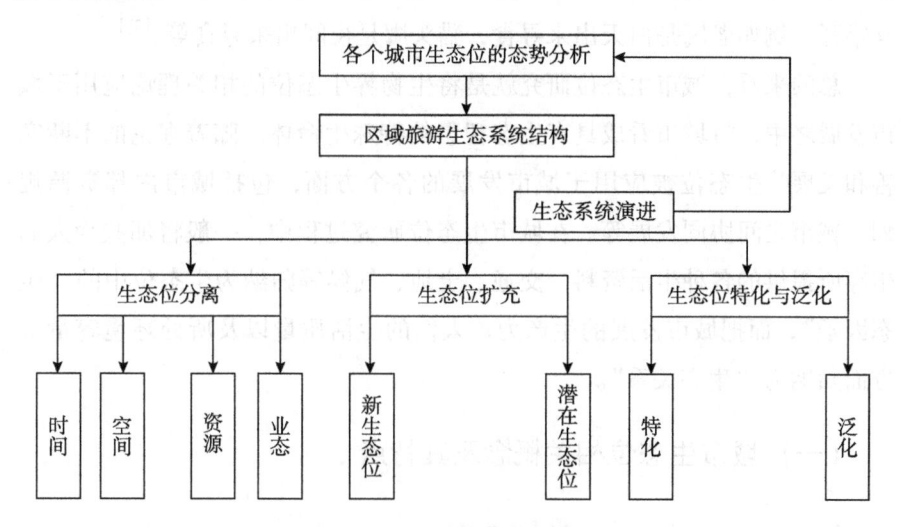

**图1-1 区域旅游竞争模式**

资料来源：汪清蓉，余构雄.区域旅游城市生态位测评及竞合模式研究——以珠江三角洲为例[J].旅游学刊，2008，23（3）：50-56.

## 二、生态位在城市发展中的应用

20世纪初，生态位的理论开始被人们引入城市建设当中，形成了全新的城市生态位理论。该理论引发人们对城市发展生命周期的思考，使城市在发展的过程中也如同自然界的生物种群一样具有发展、兴衰的交替过程。城市生态位反映了一个城市的性质、地位、作用、资源优劣势及其功能和作用，它也体现了人类在城市内部生活的适应性大小。在城市这个复杂的生态系统中，人是城市生态系统的主体，外部环境包括经济、社会以及生态环境。城市生态位不仅包括人类生活条件所需要的物质、信息、文化等资源条件，还蕴含时间和空间概念。如同大自然中的"生态位现象"，在大自然中，亲缘关系相近的或者具有同样生活习性或生活方式的物种一般不会在同一地方生活和觅食，大自然会将出现在同一区域的不同物种隔离开，如山中的兔子、水里的鱼、空中的鸟、树上的虫等，不同物种分布在不同的空间位置因此具有不同饮食习性；如果不同物种在同一区域生存，它们的食物链下端必然不同，如一片草原上的肉食动物与植食动物；如果不同物种需要同一种食物，为了避免竞争，它们的寻食时间必定要相互错开，例如老鹰是白天出来寻食，猫头鹰是夜间出来寻食等。[25]

总的来看，城市生态位研究就是将生物界生态位的相关理论应用于城市发展之中，将城市看成具有生态智慧的特殊生命体。随着理论的不断完善和发展，生态位被应用于城市发展的各个方面，包括城市内部资源规划、城市之间协同发展等。在城市生态位研究过程中，一般将那些为人们生存所提供的各种生活资料、交通、土地、气候等归纳为生态位中的"生态因子"，而把城市发展的生产力、人们的生活质量以及所处环境容量等方面归纳为"生态关系"。

## （一）城市生态位相关概念及其特点

### 1. 概念

在城市群的背景下，城市可以看成一个特殊的生命体，城市生态位就是一个城市可以从其所在区域中获得的各种资源总和（自然资源、人力资源、社会资源和生产资本等）以及其在整个城市群中的地位和功能作用。需要注意的是，城市生态位是城市生命体在其所在城市群中的多维生态空间位置，它不仅体现各个城市之间的生态关系，更体现了各个城市的经济关系，对城市自身发展和城市竞争力提升具有重要作用。

### 2. 城市生态位的特点

（1）城市生态位的多维性。城市生态位具有多维性，与自然界生物不同，城市是个复杂特殊的生命系统，其生态位可以被分解为资源生态位、环境生态位、经济生态位、社会生态位等多个维度，综合各个层次维度，合理评估城市生态位是制定其发展战略的前提条件。除此之外，城市生态位的发展过程与一般高级生物体本质上不同，它具有局部成长、部分消亡和自我更新的特殊功能。城市生态位的重叠一般是指在某个或者某几个维度上发生重叠，当两个城市在某一个维度上发生生态位重叠时，弱势城市可以通过扩展生态位，也可积极促成另一维度生态位分离，来维持整体持续发展，实现与强势城市的共生。[26]

（2）城市生态位扩充与压缩。随着城市自身的发展和城市化水平提高，城市生态位处于动态的重构调整之中，同时，随着竞争加剧，优势城市往往获得更多的可利用资源和更大的发展空间，使其生态位得到扩展。反之，在激烈的竞争环境下，弱势城市受到优势城市的压力，生态位不断压缩，甚至在竞争中被淘汰而释放原本占有的生态位空间。

（3）城市生态位的构建具有方向性。城市生态位的构建就是城市生态位的移动和演进过程，其本质是城市之间竞争和发展的结果。城市生态位构建主要体现在城市化进程和城市本身的发展进步上，相比于自然生物体的生态位形成发展，城市生态位的构建能够在很大程度上体现出人类社会的主导作用即促使城市生态位朝着城市管理者或者政府设定的方向前进。对城市生态位的发展方向进行规划，有利于实现生态环境与社会经济和谐发展。

## （二）城市生态位的测度

### 1. 城市生态位的宽度

从城市竞争的角度来看，城市生态位体现了一个城市在特定城市群中的抽象位置，即其与周围城市的相互影响和作用关系，在城市资源方面，城市生态位宽度越大，说明城市在成长发展过程中能获得的可利用资源就更多，拥有更大的竞争优势，能对周围其他城市产生更大的影响。通过将城市生态位量化，比较不同城市各维度生态位，估计其竞争地位，在实际的应用过程中，一般通过GDP、城市人口、地区生产总值等作为度量态的指标，用与之对应的增长量或增长率来表示生态位的势，如城市人口年平均增长量，计算公式如下。

$$N_i = (S_i + A_i P_i) \bigg/ \sum_{j=1}^{n} (S_j + A_j P_j)$$

式中，$i, j = 1, 2, \cdots, n$；$N_i$ 为城市 $i$ 的生态位；$S_i$，$S_j$ 分别为城市

$i,j$ 的态；$P_i$，$P_j$ 分别是城市 $i,j$ 的势；$A_i$，$A_j$ 为量纲转化系数，将 $S_j + A_j P_j$ 称为绝对生态位。

**2. 城市生态位的分异指数**

城市生态位宽度代表了城市在其城市群中的相对位置，为了便于比较城市群中城市生态位宽度之间的差异，构建生态位分异指数，从而了解城市群中城市生态位的结构变化。其城市生态位分异指数计算公式如下。

$$C = \sqrt{[(N_i/\bar{N}) - 1]^2/n}$$

式中，$N_i$ 表示第 $i$ 个城市的生态位宽度；$\bar{N}$ 表示生态位宽度的平均值；$n$ 表示城市个数。

生态位的态势理论和生态位分异度指数经常被用于城市群发展战略的制定过程中，如通过计算京津冀地区各个城市的生态位和相应的生态位分异指数，来判断各个城市在城市群中的相对"位置"以及资源占有状况，作为制定区域发展战略和资源配置计划的依据。

## （三）城市生态位的态势理论

态势理论对城市协调发展具有重要作用。与生物生态位的态和势相同，城市生态位也可以分为态和势两个方面，城市的态是城市过去积累的结果，具体包括城市的资源占有量、人口数量、经济发展水平等，城市的势体现城市未来的发展趋势和潜力，具体包括生产率、人口增长率、经济增长率等。[27]

城市生态位的态和势都对城市未来的发展起到重要作用，态作为势的基础，可以促进势的转化。如图 1-2 所示，城市的态一般呈"S"形曲线，势的变化呈"钟"形曲线。城市生态位的态是一个量不断积累的过程，且积累的速度由慢到快再变慢，而城市生态位态的变化速率即势一开始逐渐变大，达到某一峰值后，呈渐低趋势。[28]

根据势的变化曲线可以将城市发展分为三个阶段：

（1）增长阶段。城市处于"青年期"，社会、经济等指标的增长率的增大趋势十分明显，生态位宽度增大，且有很大的发展潜力，可积极投入开发。但此阶段城市发展不稳定，波动幅度大，要注意资源时空上的合理分配和生态关系的协调发展，防止生态失衡。

（2）稳定阶段。城市处于"中年期"，城市逐渐发展成熟，各种信息和资源逐渐稳定，处于城市生态位宽度最大的阶段，因此对社会、经济和自然资源的利用量最大、利用率最高，此时产生的效益最大。应该注意开拓新的生态位，挖掘潜在生态位，保持城市动态平衡，防止衰落。

（3）滞缓阶段。城市处于"老年期"，城市增长速度明显放慢，生态效率低下，生态位宽度变小。城市趋向衰落、退化，甚至消亡。此时需要依据城市实际发展状况，制定开发对策，改善城市生态位，使其恢复活力。

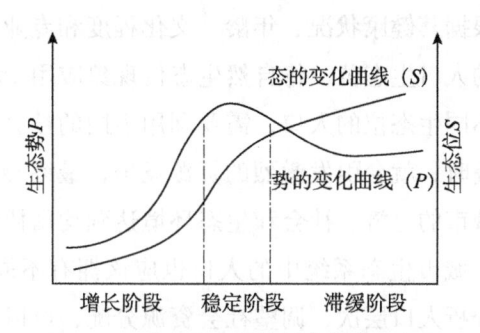

**图 1-2　城市生态系统的态势变化规律**

资料来源：胡春雷，肖玲. 生态位理论与方法在城市研究中的应用 [J]. 地域研究与开发，2004，23（2）：13-16.

## （四）城市生态位与城市发展

资源是城市发展和决定城市生态位大小的核心因素，从资源利用角度看，生态位是指城市提供给人们的或可被人们所利用的各种资源因子和生态关系的总和。同一城市的不同区域拥有不同的生态位，由于生态位差异，城市内部的不同区域之间也会形成生态势，如同水位的差异会形成水势。因为城市生态位是多维的，因此城市内部区域生态位的生态势也是多维的。生态势不同，说明城市的资源、环境、经济等方面不同，因此对人群和企业等的吸引力就不同。生态势高的地方，其吸引力强，外界人口、资金、信息、能量等都流向于此。其最终结果是使该区域内部的竞争增大，生态位宽度增大，城市结构构成更加复杂，生态势也进一步扩大。随着竞争不断加剧，资源、信息等不断集中，最终会使某一种或几种生态因子欠缺或生态关系恶化，导致该区域生态位出现结构紊乱，生态位宽度降低，生态势也随之降低。相反，随着生态势越来越低，该区域的吸引力就会变小，外界的人口、资金、信息、能量等减少进入，或者向外流出。一段时间后，随着企业或者人口等生态因子密度的减少，该区域可能再次成为高生态势区域。这样它将再次经历上述生态势高的区域的发展历程。由此可见，生态势高低的相对变化是一个循环往复的过程，城市中信息的传播、人口的迁移、资金的周转等资源流动现象基本上都是由于不同区域生态势的差异造成的，生态势是促进城市前进和发展的动力。

城市的人口根据其健康状况、年龄、文化程度和专业水平等因素，也可以划分为不同的人口生态位。将自然生态位现象应用于城市人口规划方面，可以发现，不同生态位的人口，需要利用不同的社会资源，当人口生态位发生严重重叠时，就会引发激烈的资源竞争，最终导致人口流动。只有城市的人口和城市的经济、社会和生态环境达到均衡协调时，城市才能实现可持续发展，城市生态系统中的人口也应该拥有不同的人口生态位。从生态位的角度分析人口层次，调整社会资源分配，可以有效地避免城市人口大量流失。[29]

每个城市都具有不同的地理位置、历史背景、特色优势资源以及不同的发展战略等，因此每个城市的生态位是不同的。从生态位的角度考虑城市发展，每个城市都必须通过不断地拓展生态位宽度、降低生态位重叠度，来扩大自身的成长空间，提升城市竞争优势，在激烈的竞争之中立于不败之地。与生物生态位相同，随着各城市不断地扩充自身生态位，必将导致城市之间的生态位重叠度越来越大，城市之间的竞争也更加激烈，各个城市纷纷凭借自身的资源集聚能力抢夺生存资源，优势城市因获得更多资源得以持续生存发展，弱势城市会因激烈的竞争而消亡或者分离出原有生态位。

## 三、生态位在企业管理中的应用

### （一）企业生态位的概念和测度

一切生物个体都有出生、发展、衰亡的生命过程，而生物个体组成了组织，因此与个体的发展相似，组织也有生存、发展、消亡的生命过程。也可以说，组织也是有生命的机体，也如同自然界的生物个体一样，有自己特定的生态位。[30]企业作为一个组织体，也可以运用生态位原理。企业生态位指企业在市场环境中所处的位置，以及企业对其他企业和整个市场环境的功能。企业选择了不同的生态位环境，就会面临不同的竞争与合作关系，同行业中从事相似或者相同经营业务的企业会争夺竞争相似的资源，如原材料、合作伙伴、顾客等，但是从事相似或者相同经营业务的企业之间并不仅存在竞争关系，也有可能形成共生关系，如形成某种战略联盟合作、共同建设维护基础设施等。

每个企业都有自己的生态位，企业的生态位与生态学的生态位的不同之处在于，企业是含有人为因素的有机整体，企业生态位形成的过程中包含人的主观思考和选择因素。企业竞争力反映的是企业与环境之间的物质、能量、信息交流转换情况，主要是指企业对环境的主动适应性，即企业不断学习创新的进化能力。如同自然界中的生物，企业生态位也通过一系列的表征指标形成具体的测度，这些指标包括企业生态位的宽度、密度、重叠度等，不同的指标大小对应不同的企业形态。

类似于生物生态位宽度，企业生态位宽度指一个企业可以利用的各种市场资源的总和，即指一个企业所能利用的各种不同的市场资源总和的大小和资源的多样化利用程度，企业生态位宽度可以用来衡量企业资源丰富度和资源利用能力的强弱。因此，一般来说，企业生态位宽度越大，企业的资源利用能力越强，企业对环境的适应能力也就越强，需要注意的是，过宽的生态位也可能引起企业对环境的适应效率降低。

企业生态位的密度是在一定的市场环境资源中企业的种类和数量，企业生态位密度大小反映企业的竞争激烈程度，通常企业生态位密度越大，企业的竞争强度越大，企业面对的风险和失败的可能性越大，反之，则越小。

类似于生物生态位重叠度，企业生态位重叠度可以理解为企业之间生态位的相似程度，也可以理解为各种生态位因素相同的比例。多个企业在同一市场环境中处于相同的时间、空间位置，利用相同的环境资源，拥有相同的市场定位和目标市场，就会产生生态位重叠的情况，生态位重叠水平取决于不同企业采用同种资源的概率以及各自生态位宽度大小。在一个新的市场环境中，随着企业数量的不断增多，企业生态位的重叠度不断增加，市场竞争也日趋激烈，企业失败率越高。企业可以通过差异化策略降低与其他企业之间的生态位重叠度，处于非重叠生态位上的企业可以互补依赖，共生依存。

### （二）企业生态位的重叠分离与企业竞争

基于企业生态位的一系列测量指标，形成了企业生态位的重叠与分离理论，正如自然界中两个生态位完全相同的生物无法同时长期存在的道理，在同一市场环境中拥有相同生态位的企业也会发生极其激烈的资源争夺竞争行为，因此很难同时存在，企业之间会互相排斥，这就是生态位分离现象。

企业之间的排斥会导致内包含、重叠、邻接和分离四种结果。内包含关系是指一个企业的生态位完全被另一个企业的生态位包含，这种情况下的企业竞争最为激烈，竞争能力的强弱决定每个企业的最终命运。重叠关系是指两个企业的生态位部分重叠，体现在资源方面，一部分市场资源被两个企业共同占有，其余资源被各自占有，竞争能力更强的企业可能占据大部分资源。邻接关系是由竞争回避所产生，指两个企业的生态位十分相似，但是不存在重叠，企业之间存在强烈的潜在竞争。分离关系是指两个企业的生态位完全分开，不存在竞争关系。如图1-3所示依次是企业生态位内包含、部分重叠、邻接和完全分离四种生态位关系。[31]

如同生物生态位，生态位竞争和分离会加快企业的成长和变化速度，在丰富的市场环境资源条件下，企业都趋向于选择优质的市场资源，相对劣质的资源将被释放，从而产生生态位的"特化"；反之，激烈的竞争环境会导致生态位的"泛化"，企业通过扩大生态位宽度获取更多可利用资源。一般而言，大型企业的产品链和目标市场更加广泛，生态位会比小型企业更宽。[32]

在激烈的竞争环境下，每个企业需要和其他企业协作共生，充分利用其他企业的资源溢出效应提高自身资源利用量，扩大自身的生态位宽度，同时致力于形成不同于其他企业的特征，使企业的生态位与其他企业产生

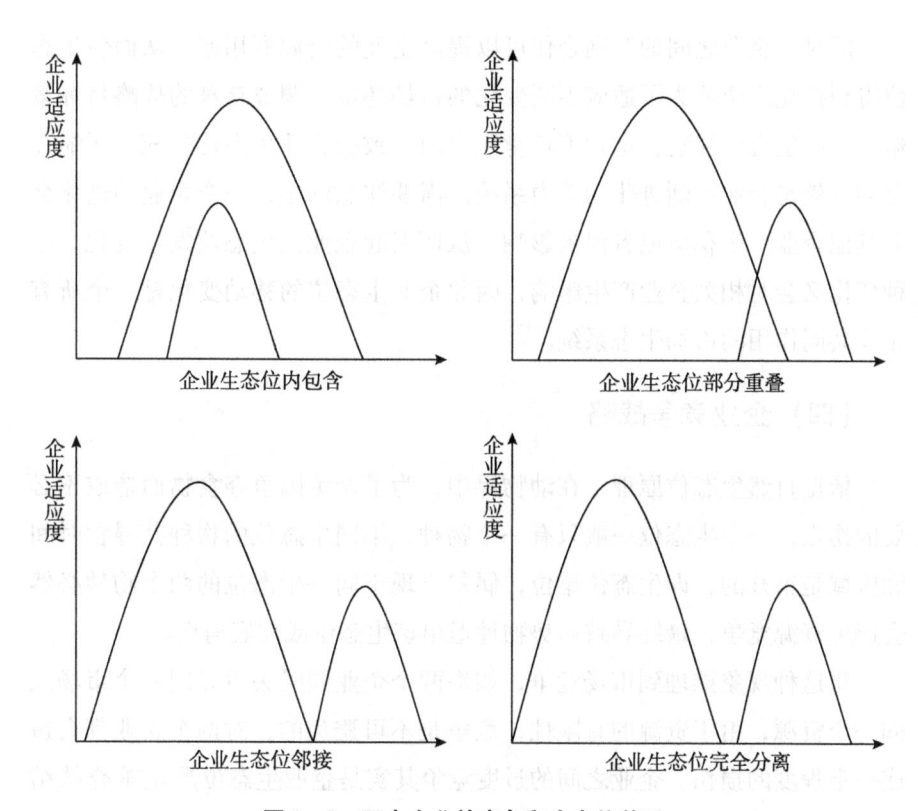

**图 1-3　两个企业的竞争和生态位关系**

资料来源：王东宏. 谈生态位理论及其在企业中的拓展应用 [J]. 商业时代，2011，29（4）：77-78.

差异性，达到企业生态位特化的目的。

### （三）企业生态位的移动和企业进化

类似于生物生态位的演进，企业之间的激烈竞争也会导致生态位移动和企业进化，企业竞争的存在可能导致生态位扩充和压缩两种结果，企业的生态位关系在内包含、重叠、邻接和分离之间不断变动。在一个理想的市场环境中，随着优势企业逐渐变强、企业数目不断增多，一般来说，企业竞争的存在倾向于缩小企业的实际生态位，竞争极其严重时很可能导致劣势企业退出原有市场或者被淘汰，这种退出会释放其所占据的资源和空间，使优势企业的生态位得到扩充。

同时，企业之间的互利合作可以提高企业的资源利用率，从而使生态位得到扩充。企业为了适应不断变化的市场环境，调节自身的战略目标策略，引起生态位移动，这种因环境压力而导致的企业生态位扩充、压缩和移动，就是企业不断进化的动力系统。需要注意的是，一个企业的进化会对其他企业产生积极或者消极影响，从而引起企业的生态位发生变化，这种变化又会对相关企业产生影响，因此企业生态位的移动变化是一个所有企业共同作用的市场生态系统。[33]

### （四）企业竞争战略

依据自然生态位原理，在动物界中，为了避免因争夺食物而造成不必要的伤亡，一个生态位一般只有一个物种，不同生态位的物种其寻食时间和区域是错开的，即生态位错位，偶尔出现于同一生态位的两个物种必然会产生资源竞争，最终导致劣势物种退出该生态位或彻底消亡。

将这种现象推理到市场竞争，如果两个企业同时去争夺同一个市场或同一个资源，由于资源的有限性，竞争是不可避免的，对两个企业都会造成一定程度的损伤。企业之间的过度竞争其实是企业生态位严重重叠的结果。为了避免两败俱伤的竞争，企业之间的竞争要有序竞争，有序竞争的关键在于错位经营。在实际中，主要体现在企业根据自身实际条件，选择区别于竞争对手的差异化策略，形成自己独特的核心竞争优势，尽量缩小企业生态位重叠度，从而避免直接冲突和造成损失。要结合企业的内部资源和外部环境，通过对企业生态因子综合分析，提高企业的竞争能力。基于生态位视域进行企业竞争战略分析，是根据生态位理论重新思考企业的竞争战略，从企业自身的优势、劣势以及外界环境中的机会和威胁四个角度进行分析，从而将企业的发展战略与企业内部资源、外部环境有机地结合起来。企业根据自身的优劣势、市场竞争状态和需求变化，明确企业生态位，形成自己独特的竞争战略，不仅能够充分地利用自身资源优势和环境机会，也能避免不足和环境威胁，最终获得竞争优势，如图 1-4 所示。

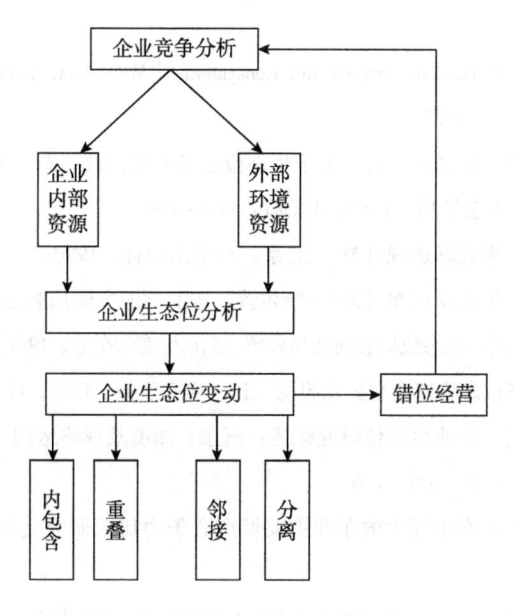

图 1-4　企业竞争

## 参考文献

[1] 刘树成. 现代经济词典 [M]. 南京：凤凰出版社，2005.

[2] 左璐. 生态学视域下社区教育融入社区治理研究——以 Y 市为例 [D]. 曲阜：曲阜师范大学，2019.

[3] 周红. 基于生态学的大型公共工程可持续能力研究 [D]. 南京：东南大学，2006.

[4] 赵维良. 城市生态位评价及应用研究 [D]. 大连：大连理工大学，2007.

[5] JOHNSON R H. Determinate Evolution in the Color Pattern of the Lady-beetles [M]. Comegie Znstitution of Washington Public，1910：122.

[6] GRINNELL J. The Niche-Relationships of the California Thrasher [J]. The Auk，1917，34：427-433.

[7] ELTON C. Animal Ecology [M]. New York：Macmillan，1927：209-232.

[8] HUTCHINSON G E. Concluding Remarks [J]. Cold Spring Harbor Symposia on Quantitative Biology，1957，22：66-67.

[9] 庄悦群. 从生态位到可持续发展位：概念的演进 [J]. 中国人口资源与环境，2005，15（4）：1-4.

[10] ODUM E P. Fundamentals of Ecology（3rd ed）[M]. Philadephia：W. B. Saunders

Co., 1971.

[11] WHITTAKER R H. Communities and Ecosystems [M]. New York: Macmillan Publishing Company, 1975.

[12] 王刚, 赵松岭, 张鹏云, 等. 关于生态位定义的探讨及生态位重叠计测公式改进的研究 [J]. 生态学报, 1984, 4 (2): 119–126.

[13] 马世骏. 现代生态学透视 [M]. 北京: 科学出版社, 1990.

[14] 安树青, 等. 生态学词典 [M]. 哈尔滨: 东北林业大学出版社, 1994.

[15] 张光明, 谢寿昌. 生态位概念演变与展望 [J]. 生态学杂志, 1997, 16 (6): 46–51.

[16] 朱春全. 生态位态势理论与扩充假说 [J]. 生态学报, 1997, 17 (3): 324–332.

[17] 郭妍, 徐向艺. 企业生态位研究综述: 概念、测度及战略运用 [J]. 产业经济评论, 2009, 8 (2): 106–116.

[18] 张美晶. 基于生态位理论的东北主要城市竞争力比较研究 [D]. 天津: 天津理工大学, 2016.

[19] TILMAN D. Resource Competition and Community Structure [M]. Princeton: Princeton University Press, 1982.

[20] 陈天乙. 生态学基础教程 [M]. 天津: 南开大学出版社, 1995.

[21] 曹康林. 生态位现象 [J]. 企业家天地, 2002, 15 (1): 25.

[22] 祁新华, 董观志, 陈烈. 基于生态位理论的旅游可持续发展策略 [J]. 生态经济, 2005 (8): 92–94.

[23] 刘丽梅, 吕君. 基于生态位理论的内蒙古自治区旅游发展研究 [J]. 生态经济, 2019, 35 (11): 125–130.

[24] 汪清蓉, 余构雄. 区域旅游城市生态位测评及竞合模式研究——以珠江三角洲为例 [J]. 旅游学刊, 2008, 23 (3): 50–56.

[25] 陈绍愿, 林建平, 杨丽娟, 等. 基于生态位理论的城市竞争策略研究 [J]. 人文地理, 2006, 21 (2): 73–74.

[26] 彭莹, 严力蛟. 基于生态位理论的浙江省旅游城市竞争发展策略 [J]. 生态学报, 2015, 35 (7): 2195–2205.

[27] 王晓萍. 京津冀协同发展背景下秦皇岛城市生态位优化研究 [J]. 企业经济, 2016 (5): 53–57.

[28] 胡春雷, 肖玲. 生态位理论与方法在城市研究中的应用 [J]. 地域研究与开发, 2004, 23 (2): 13–16.

[29] 曹嵘, 陈娟, 白光润. 生态位理论在我国城市发展中的应用 [J]. 地理与地理信

息科学, 2003, 19 (1): 62-65.

[30] 李剑玲. 生态位视域下企业发展战略分析 [J]. 学术探索, 2015, 22 (12): 71-75.

[31] 王东宏. 谈生态位理论及其在企业中的拓展应用 [J]. 商业时代, 2011, 29 (4): 77-78.

[32] 丁玲, 吴金希. 企业生态位演化研究: 联想跨国并购案例 [J]. 科研管理, 2019, 40 (10): 151-160.

[33] 张一进, 高良谋. 基于价值传递的平台企业生态位测度研究——以电子商务行业为例 [J]. 管理评论, 2019, 31 (9): 116-123.

# 第二章 生态位的京津冀区域城市发展

## 第一节 生态城市评价分析研究

21世纪以来，技术革命带动经济突飞猛进的同时，也推动和促进城市化建设的发展。然而，由于过度聚焦和追求城市建设，忽略社会和生态的发展，城市化发展的同时也带来了一系列的如环境污染、土地使用低效、生态破坏失衡等问题，城市、社会和生态发展的不平衡凸显。如何解决和平衡经济、城市、社会和自然发展关系，成为全社会关注的焦点。作为缓解和破除城市化发展带来的生态危机的重要对策，主张人与自然和谐发展的生态城市理论自20世纪70年代提出以来，就受到学术界的追捧和关注。生态城市理论是在节约资源、保护环境的基础上，倡导生态文明建设，协调经济建设、社会发展和资源利用三者关系的城市建设理念。如何设计和构建科学、合理和实用的生态城市指标体系是非常重要和有价值意义的研究课题。

### 一、生态城市评价理论分析

#### （一）生态城市评价理论的发展

根据论文发表的时间序列，关于生态城市研究的论文成果可以分为三个阶段。

第一个是萌芽阶段（1999—2005年）。改革开放以来，经济发展以资源消耗、环境破坏为代价，一些学者未雨绸缪，以国际上的田园城市等相关生态城市理论为基础，摸索可持续发展道路。虽然论文发表数量较少

（5篇），但是处于该主题研究的摸索期，且此时期的论文质量较高，对今后的研究和发展奠定了一定的基础，处在非常重要的位置。

第二个是快速喷发阶段（2006—2011年）。技术革命促使城市化快速发展的同时，诸如环境破坏、资源耗费等生态危机频发，加之政府提倡加强生态文明建设，为解决社会、自然和城市的协调发展问题，学者们开始注重这个主题研究带来的实际作用，相比萌芽阶段，此阶段发表的论文（16篇），无论是从数量上看，还是从研究的深度和广度看，都呈现向好的方向发展。同时前人的理论探索和总结为后人提供了一定的根基，社会、经济和环境的关系问题，迫使更多学者开始聚焦和关注生态城市相关理论和问题的研究，使得该问题的研究初具规模。在此阶段，学者们不仅对前人的理论进行升华，还扩展了研究的领域，创新了研究方法。

第三个是创新阶段（2012年至今）。这一时期的论文发表11篇，从论文的研究程度和广度的角度看，这一阶段研究程度更加深入、研究内容更加丰富、研究方法更加严谨、研究领域相对宽泛。这个阶段的研究更加注重体系建设，谋求各方面的创新。

（二）理论研究现状

本书将构建生态城市评价体系研究分为"生态城市理论研究"和"生态城市评价体系"两个研究主题。构建生态城市评价指标体系第一步是要对生态城市的概念进行界定。本书选择1999—2016年发表于CSSCI（中文社会科学引文索引）期刊的32篇关于生态城市评价的研究论文作为样本文献，采用内容分析法对样本文献进行编码，进而通过数据展现与理论分析相结合的方式，从"研究主题""评价指标""研究方法"三个维度展开分析。选择的样本里有15篇在引言或第一部分对生态城市进行了理论和概念界定。柳兴国从生态哲学、生态经济学、文化层次、自然环境层次和社会发展五个角度，对生态城市进行理论和概念界定，认为生态城市是以实现人与自然和谐发展为目的，并依据生态学的原理和方法来指导和规划城市建设，破除自然、经济和社会发展的不协调性，从而实现城市的可持续发展。[1]王彦鑫、梁吉业认为生态城市是将人类、城市和自然三者有序地融为一体，形成一个复杂、互惠和共生的复合体，其组成部分是生态政治、生态经济、生态文化、生态社会和生态环境，五个部分联系紧密，缺一不可，共同影响生态城市建设的发展。[2]姚德利、陈通从性质、理论依据、生态理念、建设途径、建设目标五个层次对生态城市进行全面解析，认为生态城市是破除城市化等问题，实现城市可持续发展的重要路径。[3]

选取的样本中有23篇包含生态城市评价指标体系的文献分析与总结。程鹤、陈树文认为国外的生态城市评价指标体系包含两类：一类是从社会、经济、环境和制度四个层次出发构建的指标体系；另一类是城市结构、交通、能源交换等方面设计的指标体系。陈军飞等论述了政府关于构建生态城市评价指标体系的历程。2003年国家环保总局编制了包含经济发展、环境保护和社会进步的《生态县、生态市、生态省建设指标（试行）》，自此学术界关于构建生态城市评价体系的研究和探讨逐步推进。程莉、宁小莉认为国内外的生态城市评价指标大多集中在"经济—社会—自然"角度，而从实现经济、社会和生态协调发展的目的出发，应该多将社会因素加入评价体系中，因此在原有基础上加入了社会进步的指标。[4]

### （三）编码框架与流程

构建内容编码和分析框架是内容分析法的核心，其主要内容在于科学、合理地选定类别和分析维度。本章研究的关键信息可能就在于文献整理和分析这一板块，结合先前生态城市评价研究的理论回顾文献的观点，本章以生态城市理论和生态城市评价体系作为研究主题的编码维度；基于对评价指标体系的了解和研究，重点区分了三种评价指标体系的分类，即生态各子系统视角、生态系统结构视角和创新视角；将生态城市评价体系研究文献中的研究方法分为定性分析和定量分析两类。具体编码框架如表2-1所示。

表2-1 生态城市评价编码框架表

| 类别 | 编码维度 | 解释 |
| --- | --- | --- |
| 研究主题 | 生态城市理论 | 以实现人与自然和谐发展为目的，并依据生态学的原理和方法指导城市建设 |
| | 生态城市评价体系 | 综合反映城市生态化发展水平、评价城市生态化效益的依据 |

续表

| 类别 | 编码维度 | 解释 |
|---|---|---|
| 指标分类 | 生态各子系统视角 | 包含社会、经济和自然（资源）的生态子系统的评价指标体系 |
| | 生态系统结构视角 | 主要以城市生态系统的结构、功能和协调度为指标的生态城市评价指标体系 |
| | 混合视角 | 在上两类通用的评价体系基础上，突破原有的框架，结合实际状况，构建的生态城市评价指标体系 |
| 研究方法 | 定性分析 | 依据已有文献进行回顾、分析、探讨和延伸，归纳出生态城市研究的相关问题和结论 |
| | 定量分析 | 运用因子分析、回归分析等分析生态城市评价指标体系的数据，得出结论 |

（四）现有研究的贡献与不足

关于生态城市指标体系，国内学者自20世纪90年代末开始，经历了近20多年的摸索和研究，已取得一定的研究成果。国内基于对城市理论的理解和分析，目前大多数的评价体系分为两类：一类是通过对城市发展过程中经济、社会和自然的分析，从经济、社会和自然三个指标维度构建评价指标体系；另一类是通过对城市生态系统的分析，从生态城市的结构、功能和协调度三个方面设计评价体系。此外，学术界也基于这两类的评价指标体系，依据各城市的不同特征，进行指标体系创新。但是研究成果也有一定的不足，首先评价指标体系过于庞杂，数据收集困难，部分评价指标缺乏针对性，指标设计具有局限性；其次，指标体系大部分是静态的，缺乏对指标的动态性研究，指标弹性较差；最后，虽然存在两类通用的指标体系，但是限于各城市的不同特征，仍然缺乏一套科学、权威、通用的指标体系和评价方法。

## 二、生态城市评价体系

（一）生态子系统视角的生态城市评价体系

在城市化建设过程中，人与自然关系的恶化趋势令人担忧，"生态城市"就是基于解决这样的关系而提出的新概念,是基于生态学的理论和方法指导和规划城市的发展,追求城市建设的可持续性和协调性。生态城市是一个复杂变化的系统,分为经济子系统、社会子系统和自然子系统。大多数学者基于此观点,从经济、社会和自然三个维度构建生态城市评价指标体系。经济质量是改善生态城市发展的物质基础,大多数学者认为,经济水平、经济结构和经济效益最能反映一个城市的经济质量,因此他们主要通过三个指标评价经济因素对生态城市发展的影响。基于这三个方面,学者们采用人均GDP、第三产业占GDP比重、研发支出等具体指标构建评价体系。在评价经济时,高新技术是促进经济飞跃发展的助推剂,也是发展生态经济的捷径,张晴、谢宜章认为高新技术指标也极具代表性。[5]社会发展反映了生态城市发展的质量和水平,也是生态城市效益的承担者和享受者,是构建生态指标体系不可或缺的重要方面。在考察社会因素对生态城市评价的影响时,学者们从人口、资源、基础设施和文化等社会的主要构成因素出发,设计指标分析和评价生态城市的建设和发展。焦士兴、王腊春认为社会保障是生态城市和谐建设的必然要求,也是发展成果的重要体现,他们通过人均国内保险收入(元)具体指标来反映生态城市建设中的社会保障程度。[6]马爱华、唐志强等认为科技教育是社会因素中的重要一环,科技教育的水平促进或制约生态城市发展的速度和质量,也是评价生态城市的重要指标。[7]协调人与自然的关系是生态城市建设的初衷,同时也贯穿于生态建设的各个阶段,因此自然因素对城市发展的重要性不言而喻。在考察和评价生态城市建设过程中,大多数学者通过城市绿化、环境质量和环境治理设计指标,评价自然因素的影响。

此外,赵国杰、郝文升基于生态系统的理论,构建"自然—社会—经济"三维空间结构模型,另辟蹊径,依据自然、社会和经济三个子系统分别构建生态指数、低碳指数、幸福指数三个维度的生态城市评价体系,并将自然、社会和经济因素糅合和贯穿于三个维度的评价过程中。[8]

### (二)生态系统结构视角的生态城市评价体系

结构合理、功能高效和关系协调的城市生态系统是任何一个符合生态理念的生态城市都应该遵循的原则和追求的目标。通过构建合理的生态城市，最大化地实现最佳的生态效益。基于生态系统结构视角，从城市生态系统的结构、功能和协调度三个维度设计和建立生态城市评价指标体系。宋永昌、戚仁海等认为，在人口密度、土地利用、环境质量和基础设施方面，要保持一个合理的限度，实现生态城市的结构合理要求，同时优化资源配置，保持物力、财力、人力和信息的高速运转，以保持和促进生态城市的高效功能。[9]生态城市的建设追求的是人与自然的高效和谐的生态关系，因此可以从人、自然、社会、资源和环境之间的相互关系入手，构建和设计关系协调的指标体系。郭秀锐、杨居荣等在总结和借鉴宋永昌等的"结构—功能—协调度"指标体系的同时，认为不同特征的城市很难用统一的标准来界定城市的生态化水平，主张依据各城市环境的差异修改和增添三级指标，避免因子的差异而难以定量。[10]陈军飞、王慧敏在总结生态城市评价体系的基础上，从结构、功能和协调度三个层次构建生态城市评价体系，将以灰色系统理论为基础的灰色关联度评价方法引入评价体系，建立量化的灰色关联度评价模型。[11]

（三）混合视角的生态城市评价体系

除上述两类主流评价指标体系外，学术界基于各城市发展的复杂性和不平衡，认为两类通用的评价指标并不能准确地界定每个生态城市的生态化水平，所以在这两类指标体系的基础上，另辟视角以达到评价指标体系的创新。李海龙、于立通过对国外和国内参考指标库的借鉴、分析和总结，合并同类、剔除不符合中国国情的指标后，依据指标的科学性、可比性和普适性，构建了资源节约、环境友好、经济持续、社会和谐和创新引领五个维度的生态城市评价体系。[12]霍晓君等以内蒙古包头市为例，通过对社会经济、资源以及整体环境状况的分析和评价，在"经济—社会—自然"评价体系的基础上，结合当地生态城市发展状况，构建了生产指标、生活指标和环境指标三个维度的生态城市评价体系。[13]文宗川、崔鑫等基于"社会和谐、经济高效和生态良性循环"的生态城市科学内涵，提出从生态城市的发展水平、发展协调性和发展潜力三个方面构建生态网络城市的评价体系。[14]钟荣丙、匡跃辉认为，生态健康状况评价是生态城市建设的重要环节，参考前人的评价体系研究成果，将城镇体系加入"经济—社会—自然"评价体系中,使得生态城市评价体系更加具体和完善。[15]王云才等认为生态城市的评价主要包含城市生态系统的特征与评价和城市生态化研究与评价两方面,在城市生态系统的评价中采用"结构—功能—系统协调度"指标体系,而在城市生态化评价中采用"自然—经济—社会—设施"指标体系,创造性地将两个主流指标体系进行糅合,构建生态城市指标体系。[16]

## 三、生态城市评价研究方法

### (一)研究方法的分布

本章将研究方法分为定性分析和定量分析两种方法。其中,定性分析是指依据已有文献进行回顾、分析、探讨和延伸,归纳出生态城市研究的相关问题和结论。本章中定性分析分为描述性分析和文献总结概括。描述性分析一般是根据已有理论或者依据所需评价的生态城市的因素进行评价指标体系构建;文献总结概括是对文献的回顾、分析和概括,借鉴文献中的评价体系,从而归纳出目标生态城市的评价指标体系。定量分析是运用因子分析、回归分析等分析生态城市评价指标体系的数据,得出结论。其功能主要在于通过数据的分析,揭示和描述生态城市建设发展的水平和趋势,为决策者提供依据支持。定量分析又分为层次分析法、加权和法和实证分析三种。层次分析法是指将生态城市评价体系中相关的指标因素分为目标、路径和具体指标等层次,在此基础上进行定量分析,构建相关的评价指标体系。加权和法是一种可以独立使用的定量分析方法,能够综合反映不同城市的生态经济系统的结构、功能和效益状况,从而验证生态城市评价体系。实证分析主要是指利用因子分析、回归分析等方法来验证理论假设,得出结果。

### (二)研究方法的应用

定性分析方法虽然较为粗糙简单,但是在数据不完善或难以量化时比较适用,本文选取的文献样本应用定性分析方法的有10篇。如顾传辉、陈桂珠用定性分析法中的描述性分析,借助城市可持续发展理论,依靠人类活动的轨迹，按照"资源—环境—经济—社会"四大支持系统的思路，设计和构建评价指标体系[17]；武春友、常涛参考前人的研究成果，依据可持续发展理论、生态系统的平衡理论、生态社区的结构和系统特点，设计和构建生态社区的评价体系[18]。相比而言，定量分析则较为科学，能较为精确地评价生态城市的生态化水平，确定评指标体系是否完善，样本中有 22 篇采用了定量分析的方法。肖亚丽、蒋大和将筛选后的 48 个指标进行合并和科学添加，运用层次分析法、专家咨询等分析方法，确定长三角生态城市的评价指标体系[19]；霍晓君、潘彦昭等利用加权和法，通过指标选取、确定权重、量化计算综合指数验证评价指标体系[13]；关海玲等采用因子分析法对指标变量进行分析和定量化，通过将数据标准化、建立相关系数矩阵和分析数据等验证评价指标体系[20]。

## 四、生态城市评价研究发展与创新

### （一）研究归纳

本章采取文献内容分析法，从"研究主题""指标分类""研究方法"三个方面，对 CSSCI 期刊上关于我国生态城市评价指标体系的文献进行理论梳理和总结。研究发现，在研究主题方面，生态城市理论的核心研究内容趋于稳定，而生态城市评价体系参照国际上的研究成果，少部分的文献在此基础上呈现创新的态势，而大部分文献墨守成规，采用两类评价体系中之一对当地的生态城市建设进行评价。此外，两类评价体系缺乏动态指标研究。评价指标体系属于新兴的研究主题，研究者和文献较多，其中有少部分文献，注意聚焦两个研究主题之间的关系。在指标分类方面，大多数文献认为，评价指标体系分为两类，即"经济—社会—自然"三个层次的评价指标体系和"结构—功能—协调度"三个维度的评价指标体系。此外还有一些论文以这两类指标体系为基础，突破原有的框架，结合生态城市的特点，添加指标从而完善评价指标体系。在研究方法方面，呈现定性分析和定量分析交替快速发展的趋势，一方面，定性分析能通过文献分析和研究，将一些现象和因素通过归纳、分析、概括和综合，根据生态城市的差异性，构建出符合生态城市特点的评价指标体系；另一方面，定量分析则通过指标的数据分析，得出结论，验证评价指标体系的有效性和针对性。此外，多数文献注意利用层次分析法、加权和法等方法，将评价指标量化，精确地指导和规划生态城市建设。

## （二）研究趋势

### 1. 生态城市领域

在生态城市理论方面，国外的研究聚焦在实用性和可操作性，其指导生态城市建设的理念比较具体，与城市生态化过程中出现的问题结合得较为紧密，因此解决问题较有针对性。对比国外的生态理论研究，国内在此方面有些许不足之处，应该借鉴国外的研究成果，依据中国城市发展的现状，摸索和探讨出符合中国国情的生态城市理论；基于生态城市的地域性和差异性，标准化的生态城市理论不能很精确地指导和规划生态城市发展的愿景。应当结合当地生态、社会和经济的差异，在原有生态城市理论的基础上，突破理论框架束缚，探索和创新出与指导和评价对象相适应的生态城市理论。

### 2. 评价指标体系方面

在生态城市评价体系方面，探讨和借鉴国外的生态城市评价体系，结合国内生态城市发展的现状，学术界在构建评价体系方面取得了一定的成果。但是在研究过程中，也出现了一些局限：首先，评价体系中的指标可操作性较差，选择的指标必须聚焦到数据的可获得性，以及考虑指标数据在时间上的连贯性，考虑到各生态城市的地域性和差异性，会出现某些数据获取或分析比较困难，因此指标设计存在缺陷；其次，生态城市评价是一个复杂的动态过程，而且评价体系中的指标缺乏动态性研究，指标弹性较差，未能针对生态城市的差异性提出针对性的指标设计；最后，选取的样本中，虽然绝大多数学者都采取"经济—社会—自然"和"结构—功能—协调度"两类评价指标体系，但是至今都没有形成一套科学、权威和通用的评价体系和方法，多数文献都未能提供具有说服力的原因支持他们所采取的评价体系。

**3. 研究方法角度**

在研究方法方面，所选取的文献样本及所采取的定性和定量方法都能较好地达到学者的要求，但是同时也会略存缺陷。首先，定性分析不能达到量化精确的效果，在定量分析时，一些难以量化的指标时常影响分析的效果。因此今后的研究可以考虑定性和定量相结合的方式，继而收到更好的研究效果。其次，在定性和定量分析方法之外，在研究方法上进行创新，可以采取如案例研究法等研究方法，或许会收到意想不到的效果。

我国生态城市建设尚处于起步阶段，不可避免地存在经济建设与生态系统不协调、生态城市建设程度难以定量的问题，急需从国家层面制定科学、合理、具体、可操作的生态城市评价指标体系，用以监控和纠正生态城市发展方向，使得城市管理部门依据生态评价指标体系监控和掌握生态城市的发展。生态城市评价是一个复杂多变的动态过程，同时也是城市生态化发展过程中必不可少的关键环节。科学合理的评价，有利于准确掌握生态城市建设的现状，分析和了解建设过程中的优劣点，提高生态城市质量；也有利于政府评判生态城市发展水平和程度，以便更准确地使用生态城市理论指导和规划生态城市建设。

## （三）研究创新

生态城市评价要遵循的主要原则是系统性原则、全面性原则和动态性原则，生态城市作为一个由多指标构成的有机体，要求我们在选择指标时，分别要考虑政治发展指数、经济发展指数、社会发展指数、技术发展指数和环境发展指数，这些指数相互联系、共同推动生态城市的发展，同时对这些指数应该从规模、结构、速度、效益、能力和人均水平等角度进行全面选择。另外，指标体系要反映基于生态城市建设过程的动态变化，体现出其发展的趋势。可以运用层次分析法（AHP法）对生态城市进行定量评价，将组成生态城市的各个组成系统及其子系统分解成若干个组成因素，进而构建其指标体系，其过程是：首先是理论研究，要选择适合的统计理论与方法，还要了解国内外相应领域评价指标体系的现状；其次是指标体系的选择，这里采用理论分析法、频度统计法和专家咨询法；最后是指标体系优化，对初步选择的指标体系进行进一步筛选和优化，从而使之更加科学合理。指标体系的优化包括单项指标优化和指标体系整体优化两个部分，既要保证指标体系中的每一个单个评价指标的科学性，同时还要保证指标体系在整体上的科学性。

　　生态城市建设是一个要素众多、关系交错、目标和功能多样的复杂的综合工程，生态城市发展受到来自宏观大环境的众多因素影响，所以生态城市评价要综合考虑众多影响因素。生态城市建设是一种可持续发展，生态城市评价是一个系统评价。我们可以把经济、社会与环境看作一个系统的统一整体来研究，基于生态学理论，依据"三生共赢"原理，借鉴PEST宏观环境分析法，把生态城市建设看作在政治、经济、社会、环境和技术等领域的创新，是一种系统的整体创新。生态城市发展是一个大系统，由民主的政治系统、高效的经济系统、和谐的社会系统、健康的环境系统和创新的技术系统等五个子系统组成，各个子系统之间相互联系、相互影响、相互制约。鉴于此，可以认为生态城市评价是由民主的政治、高效的经济、和谐的社会、健康的环境和创新的技术等五个方面组成，各个方面之间相互联系、相互影响与相互制约，形成政治、经济、社会、环境、技术"五位一体"的评价综合体。生态城市评价指标可以从政治、经济、社会、技术和环境等五个层面进行设计，评价体系可以由目标层、准则层和指标层三个层次构成。同时，因为生态城市建设是复杂而艰巨的一项工程，需要多个方面多种力量的齐心协力来共同完成，需要政府的引导、社会的倡导和企业的主导来合力促进发展，所以可以认为生态城市评价是政府、社会、企业"三维一体"的互动合力评价体。通过这样的基于生态环境的生态城市系统评价体系，可以更加科学、合理、有效地评价生态城市，以便促进生态城市建设的可持续发展，促进经济、社会、环境的长期和谐发展（见图2-1）。

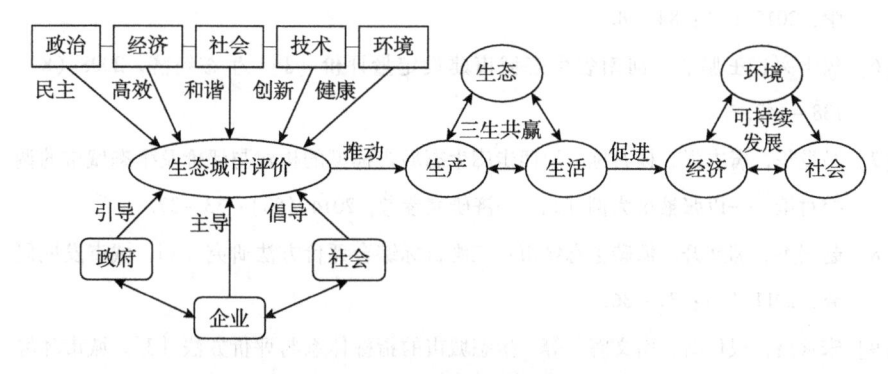

图 2-1 生态城市评价系统分析

生态经济发展已经成为当今世界经济发展的必然，生态城市建设是生态经济发展的必然过程，生态城市建设是生态经济发展的重要载体和内涵，已经成为世界城市建设的大趋势，也是中国城市建设的必然趋势，生态城市评价研究和创新是非常重要和必需的。生态城市是一个综合、系统、复杂的复合体，为了推动生态城市更快、更健康地建设，就要构建一个层次分明、结构完整、科学合理的评价指标体系。本书在生态城市评价理论分析基础上，基于生态学理论和"三生共赢"原理，借鉴 PEST 环境分析法，提出了生态城市"五位一体""三维一体"系统评价研究，将为生态城市发展战略的制定以及生态城市的评价管理提供技术决策支持，促进生态城市建设发展，促进经济、社会、环境的可持续发展。

**参考文献**

[1] 柳兴国. 生态城市评价指标体系实证分析 [J]. 济南大学学报（社会科学版），2008（6）：15-20.

[2] 王彦鑫，梁吉业. 生态城市评价模型：构建及应用——以山西为例 [J]. 经济问题，2010（11）：126-128.

[3] 姚德利，陈通. 生态城市理念下低碳建筑评价指标体系的构建 [J]. 中国人口资源与环境，2012，22（S1）：268-271.

[4] 程莉，宁小莉. 包头市生态城市建设中社会进步指标评价 [J]. 干旱区资源与环境，2014（11）：12-16.

[5] 张晴，谢宜章. 基于循环经济理念的长株潭生态城市建设评价 [J]. 江西社会科

学, 2015 (4): 84 - 90.

[6] 焦士兴, 王腊春. 河南省生态城市建设定量评价 [J]. 生态经济, 2008 (8): 138 - 142.

[7] 马爱华, 唐志强, 杨右栋. 河西走廊生态城市模型的构建与评价及生态城市的调控对策——以张掖市为例 [J]. 经济研究参考, 2014 (53): 33 - 37.

[8] 赵国杰, 郝文升. 低碳生态城市: 三维目标综合评价方法研究 [J]. 城市发展研究, 2011 (6): 31 - 36.

[9] 宋永昌, 戚仁海, 由文辉, 等. 生态城市的指标体系与评价方法 [J]. 城市环境与城市生态, 1999 (5): 16 - 19.

[10] 郭秀锐, 杨居荣, 毛显强, 等. 生态城市建设及指标体系 [J]. 城市发展研究, 2001 (6): 54 - 58.

[11] 陈军飞, 王慧敏. 生态城市建设指标体系与综合评价研究 [J]. 环境保护, 2005 (9): 52 - 55.

[12] 李海龙, 于立. 中国生态城市评价指标体系构建研究 [J]. 城市发展研究, 2011 (7): 81 - 86, 118.

[13] 霍晓君, 潘彦昭, 张利雯, 等. 加权和分析法在生态城市发展中的协调度评价 [J]. 干旱区资源与环境, 2006 (1): 140 - 145.

[14] 文宗川, 崔鑫, 王晓燕. 生态网络城市建设模式及其评价指标体系 [J]. 城市发展研究, 2008 (6): 38 - 40.

[15] 钟荣丙, 匡跃辉. 长株潭生态城市群评价指标体系和模型研究 [J]. 工业技术经济, 2010 (11): 69 - 73.

[16] 王云才, 石忆邵, 陈田. 生态城市评价体系对比与创新研究 [J]. 城市问题, 2007 (12): 17 - 21.

[17] 顾传辉, 陈桂珠. 态城市评价指标体系研究 [J]. 环境保护, 2001 (11): 24 - 25.

[18] 武春友, 常涛. 生态社区综合评价指标体系的初步探讨 [J]. 中国人口·资源与环境, 2003 (3): 30 - 33.

[19] 肖亚丽, 蒋大和. 长三角城市群生态城市建设定量评价 [J]. 长江流域资源与环境, 2007 (5): 549 - 553.

[20] 关海玲, 孙玉军. 我国省域低碳生态城市发展水平综合评价——基于因子分析 [J]. 技术经济, 2012, 31 (7): 91 - 98.

## 第二节 绿色经济时代中国城市建设发展研究

当今，面对全球气候变暖和资源危机等一系列问题，发展低碳绿色经济已经成为发展的必然。低碳绿色城市是发展低碳绿色经济的最重要载体，低碳绿色城市建设是低碳绿色经济发展的必然过程。低碳绿色城市建设已经成为中国城市建设的必然趋势，如何以经济发展促进城市建设，探求适合中国特色的基于低碳绿色经济的城市建设发展战略，具有非常重要的理论价值和实际意义。

### 一、中国低碳绿色经济发展

#### （一）低碳绿色经济

低碳经济是人类为了应对全球气候变暖，减少人类的温室气体排放而提出来的经济；绿色经济是人类为了应对资源危机，减少人类对资源环境的破坏而提出来的经济。我们既要发展低碳经济，也要发展绿色经济。发展低碳经济，我们要节能减排；发展绿色经济，我们要减少资源消耗和环境破坏，保障经济的良性健康发展。发展低碳经济和绿色经济，两者相互促进，既是发展的过程，也是发展的结果。绿色经济是以市场为导向、以传统产业经济为基础、以经济与环境的和谐发展为目的的新的经济形式，是以效率、和谐、持续为发展的目标，以生态农业、循环工业和持续服务产业为基本内容的经济结构、增长方式和社会形态。经济发展演变进程如图2－2所示。[1-4]

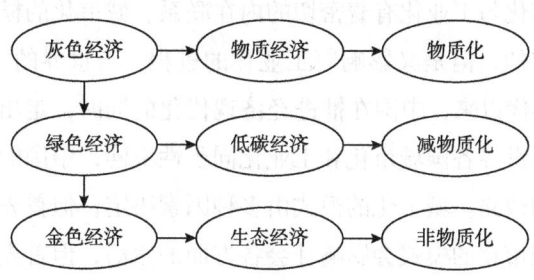

图2－2 经济发展演变进程

## （二）低碳绿色经济是中国经济发展的必然

当今，面对全球气候变暖和资源危机等问题，发展低碳绿色经济已经成为必然。低碳绿色经济是一种以能源消耗较少和环境污染较低为基础的绿色经济模式，是一种全新的经济发展模式，是实现可持续发展的具体路径和必由之路。提高能源效率、开发清洁能源和发展低碳经济已经成为全球共识，发达国家率先把发展低碳绿色经济上升到国家战略高度，低碳绿色经济从一个应对气候变化、环境保护和资源紧缺的技术问题已经转化成决定未来国家综合实力的经济和政治问题，并将成为未来规划世界发展新格局的规则。中国正处于加快经济发展方式转变的关键时期，发展低碳绿色经济已经成为中国可持续发展战略的重要组成部分，发展低碳绿色经济是中国可持续发展的必然方向，是优化能源结构和调整产业结构的可行措施和重要途径。发展低碳绿色经济是我国经济社会可持续发展的必然选择，这是由我国的基本国情决定的，也是我国的发展战略之一。我们只有大力发展低碳绿色经济，转变经济发展方式，我们的经济才可以持续发展，我们与自然的关系才会更加和谐。[5,6]

## 二、中国城市建设的战略思考

### （一）中国的工业化、城市化

城市化是世界经济的普遍现象，自18世纪中叶以来，随着经济的工业化和现代化，世界城市人口的比重在不断上升。城市化是工业化过程中资源配置的必然产物，而城市化又有利于资源的有效利用。城市化是世界经济的普遍趋势，城市化与工业化有着密切的内在联系。城市化的模式主要是由工业化状况来决定的，但是又影响着工业化的进程。与世界的一般规律不同，自20世纪50年代以来，中国在推进经济现代化的同时，走出了一条独特的城市化道路。与世界各国城市化和工业化同步性不同，中国的城市化走的是滞后于工业化的道路。城市化的模式由多种因素决定，但首先是由工业化的状况来决定，城市化的模式会影响社会各方面的生活，但首先影响着工业化的进展。我们研究中国工业化和城市化的进程，分析工业化的不同阶段和不同制度形式对城市化模式的影响和要求，有助于探讨低碳绿色城市的建设问题。城市的工业化阶段可以根据下列分界值划分为前工业城市、工业城市和非工业城市，如图2-3所示。前工业城市：第一产业>48%；工业城市：第二产业>48%；非工业城市：第三产业>48%。[7,8]

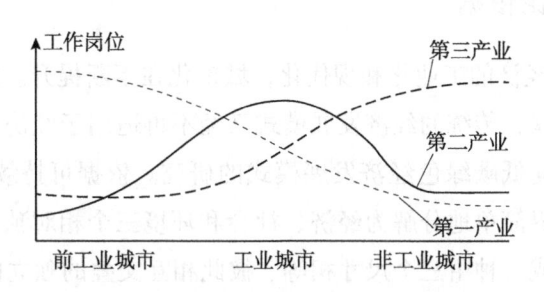

图2-3 城市发展的三个工业化阶段

## （二）低碳绿色城市建设是中国城市发展的趋势

城市是人类文明发展的产物，是行政、金融和工业中心。低碳绿色城市是指城市经济以低碳绿色产业为主导模式，市民以低碳绿色生活为理念和行为特征，政府以低碳绿色社会为建设目标的城市。低碳绿色城市的产生是由低碳绿色经济演化而来的。低碳绿色城市是发展低碳绿色经济的最重要载体，低碳绿色城市建设是低碳绿色经济发展的必然过程。城市是经济社会发展的重要载体，城市建设的最终目的是为人民群众创造良好的生产和生活环境，实现生态、生产、生活"三生共赢"和三生协同发展。目前，低碳绿色城市建设已经成为世界各国城市建设的热点问题，低碳绿色发展模式成为新一轮经济增长的关键词。随着工业化和城市化进程的快速推进，中国城市面临的节能减排问题日益严峻。城市化是中国经济社会发展的长期战略之一，未来城镇人口及其比重将继续提高，城市经济在国民经济中的重要性也将进一步提升。然而，城市化以工业为依托，工业的高速发展以牺牲资源和能源为代价，中国的快速城市化发展是建立在工业化基础之上的，传统工业化是以高碳排放为特征的发展模式，中国城市也是温室气体的主要产生地。因此，加快建设低碳绿色经济城市是发展的必然和迫切需求。中国人口众多，坚持节约资源和保护环境是基本国策，发展低碳绿色经济和建设低碳绿色城市是实现这一国策,促进城市经济与资源环境和谐发展的重要途径之一。走低碳绿色发展之路是国家的必然选择,也是城市建设的必由之路。[9-11]

## (三) 理论依据

(1) 随着经济的工业化和现代化,城市化在不断提升。随着人类的进步和经济的发展,传统的经济发展模式已经不再适用于经济和社会的发展需求,需要转向低碳绿色经济发展模式的研究。依据可持续发展的理念,我们将现实世界简单地分解为经济、社会和环境三个相对独立的部门,将现实世界简化成一种由三个尺寸相等、彼此相互交叠的独立圆环(分别代表经济、社会和环境)所构成的抽象的理想模式,如图 2-4 所示。[12,13]

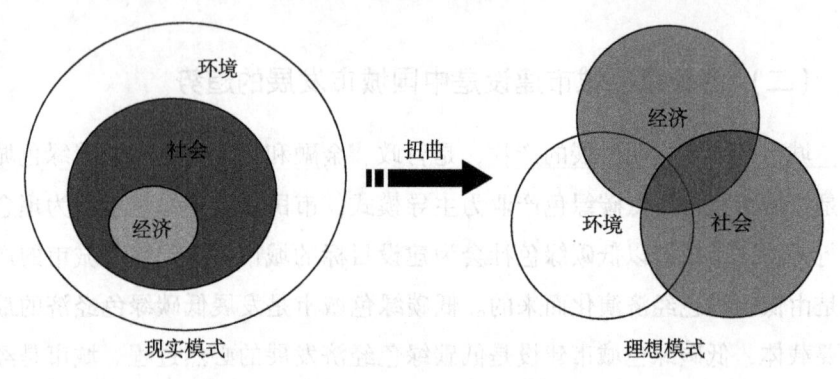

**图 2-4 从现实模式到理想模式的简化**

(2) 研究低碳绿色城市建设的现状,分析低碳绿色经济的内涵,从系统论的思想出发,在对城市建设目标分解的基础上,结合生态足迹理论、脱钩理论和灰色理论,综合运用实证分析法、因果分析法和回归分析法等多种方法,研究中国工业化进程和城市化发展阶段,从系统论的角度分析中国低碳绿色城市建设中的挑战与机遇,SWOT 定性分析与定量分析相结合,基于"三生共赢"理论,系统地分析城市建设中的优势、劣势、机会和威胁,提出未来发展的总体规划趋势,并在此基础上提出中国低碳绿色城市建设的短期和中长期发展战略。我们借鉴英国学者格里·约翰逊(Gerry Johnson)和凯万·斯科尔斯(Kevan Scholes)1998 年在其著作《公司战略教程》中提出的 PEST 分析法,分别从政治或法律因素、经济因素、社会文化因素和技术因素几个方面来分析研究低碳绿色城市建设的问题和对策，加快低碳绿色经济发展，以经济发展推动城市建设，探索适合中国工业化和城市化发展阶段的低碳绿色城市发展模式和实施策略。[14,15]

## 三、中国城市建设的问题与对策

### （一）观念理念到位

首先要更新观念。低碳绿色城市建设要以崭新的低碳绿色理念来规划，在规划、建设实施和管理运营层面上充分体现低碳绿色理念和建设思维。由于低碳绿色经济是一种全新的经济理念，社会公众对发展低碳绿色城市建设的重要性认识还不够，所以必须加强低碳绿色的宣传，强化低碳绿色的教育，树立低碳绿色经济的理念，倡导理性健康的低碳绿色生活方式，推行合理适度的低碳绿色消费模式，营造节能减排的全民参与的社会风尚，提高公众的低碳绿色环保意识，使低碳绿色观念切实深入人心，让公众了解低碳绿色城市建设对中国可持续发展的重要性和必要性，树立全民参与低碳绿色城市建设的理念和意识。[16]

### （二）政策引导有力

政府宏观调控是建设低碳绿色城市的保证。从政策层面引导建立形成低碳绿色经济的产业结构、增长方式和消费模式。从产业区域布局、结构调整、技术进步和基础设施建设等方面入手，推进低碳绿色经济发展和低碳绿色城市建设。在推进低碳绿色城市建设方面，政府要通过低碳绿色产业规划与财政、税收扶持等手段来进行引导，充分发挥政府的职能作用。政府要制定强有力的政策与法规，在低碳绿色城市建设中要形成长效机制，主动进行必要的调控，进行大力的引导和支持。中国为了促进低碳绿色经济和城市建设制定了一些法律法规，也推进了中国建立资源节约型和环境友好型社会，但这些法律法规在某些方面还存在欠缺，因此中国政府部门要重视低碳绿色城市建设的发展，大力加强与低碳绿色城市建设相关的立法工作，建立完善的低碳绿色城市建设法律法规保障体系。[17]

## （三）人才资源开发

低碳绿色城市的建设，人力资本是第一资本，科学技术是第一生产力，高素质人才是关键因素。我们要加强与高等院校、科研院所以及企业的合作与交流，开发大学生的第二课堂，强化大学生的实践实训课，加大校企之间的合作力度，开发和培养应用型的低碳绿色技术人才，通过优惠的人才引进政策和适宜的人才成长环境，吸引、引进和留住低碳绿色经济专家，吸引社会团体和民间人才的积极参与，激发人才的积极性和创造性，可以采取政府补贴和政府雇用等优惠方式，组建低碳绿色经济发展技术专家顾问团，聘请高级专业技术人员进行指导与合作，建立低碳绿色经济人才管理和使用制度，加速低碳绿色城市建设的进程。

## （四）技术创新加强

低碳绿色技术是国家实现低碳绿色经济的重要保障，是低碳绿色经济发展的根本动力，是低碳绿色城市建设的核心力量。低碳绿色经济的发展和低碳绿色城市的建设都离不开技术的支撑和创新，中国要实现从传统经济向低碳经济的转型，就必须加强提高技术创新能力，只有这样才能走一条科技含量高、经济效益好、资源消耗低和环境污染少的可持续发展道路，从根本上统筹经济发展和环境保护，进而实现社会和经济的良性发展。目前，中国低碳绿色技术相对偏低，低碳绿色技术水平较发达国家落后，因此中国要结合实际情况，加强科研机构和企业的合作，不断提高自主创新的能力，积极开展技术创新的活动，以促进中国低碳绿色技术的发展。同时，要利用低碳绿色技术改造落后工艺，以市场为主导，以资源为基础，积极开发太阳能、生物能和风能等清洁能源，从根本上优化中国能源结构，促进低碳绿色城市的建设和发展。[18]

## （五）产业结构优化

调整与优化产业结构，建立以低碳排放为特征的产业体系，这是中国发展低碳绿色经济的根本出路。首先，中国要进一步加快第三产业的发展，增加金融、保险、旅游和文化等现代服务业的产值，逐步减少第二产业在国民经济中的比重。其次,对于第二产业,中国要通过加快太阳能、风能、核电、电子信息、新能源汽车和生物产业等新兴低碳绿色产业的发展,直接降低 GDP 的二氧化碳强度。最后,中国要积极推广生物碳汇,尤其是森林碳汇。优化产业结构,推进低碳绿色城市建设。[19]

### (六) 环境经济发展

从环境经济学的角度,环境和经济是辩证统一的。环境是不可分割和非排他性的公共资源,是最广大的公共需求,也是城市经济发展的重要内涵和基础。环境经济是城市经济的重要内容,也是城市建设的前提和基础。21 世纪是低碳绿色的世纪,也是生态环境的世纪。环境经济具有战略性、前瞻性和科学性。从人类社会的发展来说,从征服自然到改造自然,进而到回归自然,是人类社会认识和尊重自然规律的体现;从农业文明走向工业文明,进而走向生态文明,是人类社会发展进步的重要体现。我们把环境建设放在极其重要的位置,是 21 世纪人类文明建设特别是城市建设发展的大趋势。[20,21]

发展低碳绿色经济已经成为当今世界经济发展的必然,低碳绿色城市建设是低碳绿色经济发展的重要载体和内涵,已经成为世界城市建设的大趋势,也是中国城市建设发展的必然趋势。我们在对城市建设目标分解的基础上,SWOT 定性分析与定量分析相结合,基于"三生共赢"理论,从系统论的角度分析中国低碳绿色城市建设中的挑战与机遇,分析低碳绿色城市发展战略与管理模式,分析中国城市建设的战略问题,依据 PEST 分析法,从理念、政策、体制、人才、技术、产业结构等方面提出了相应的对策,探索了以经济发展促进城市建设、适合中国工业化和城市化的低碳绿色城市建设的发展战略。

**参考文献**

[1] 付加峰,庄贵阳,高庆先. 低碳经济的概念辨识及评价指标体系构建 [J]. 中国人口·资源与环境,2010,20 (8):38 - 43.

[2] 黄海峰,孙涛,姚望. 建立绿色投资体系 推进循环经济发展 [J]. 宏观经济管理,2005 (8):27 - 28.

[3] LI J L, HUANG H F. Green economic development and management [G]. Information Science and Management Engineering (ISME 2013). 2013 WIT Publications Ltd, UK, 2013.05.

[4] 庄贵阳,潘家华,朱守先. 低碳经济的内涵及综合评价指标体系构建 [J]. 经济学动态, 2011 (1): 132-136.

[5] 周宏春. 走中国特色的低碳绿色发展之路 [J]. 再生资源与循环经济, 2011, 4 (6): 4-9.

[6] 陶良虎. 中国低碳经济——面向未来的绿色产业革命 [M]. 北京: 研究出版社, 2010.

[7] 赵和生. 城市规划与城市发展 [M]. 南京: 东南大学出版社, 1999.

[8] 吴志强. "扩展模型": 全球化理论的城市发展模型 [J]. 城市规划汇刊, 1998 (5): 1-8.

[9] 苏美蓉,陈彬,陈晨,等. 中国低碳城市热思考: 现状、问题及趋势 [J]. 中国人口·资源与环境, 2012, (22) 3: 48-55.

[10] 雷红鹏,庄贵阳,张楚. 把脉中国低碳城市发展——策略与方法 [M]. 北京: 中国环境科学出版社, 2011.

[11] GOMI K, SHIMADA K, MATSUOKA Y. A Low-carbon Scenario Creation Method for a Local-scale Economy and Its Application in Kyoto City [J]. Energy Policy, 2010, 38 (9): 4783-4796.

[12] 杨东峰,殷成志,龙瀛. 城市可持续性的定量评估: 方法比较与实践检讨 [J]. 城市规划学刊, 2011 (3): 58-65.

[13] NADAR S. Paths to a Low-carbon Economy: the Masdar Example [J]. Energy Procedia, 2009 (1): 3951-3958.

[14] 辛玲. 低碳城市评价指标体系的构建 [J]. 统计与决策, 2011 (7): 78-80.

[15] 李剑玲,黄海峰. 中国低碳工业化管理研究 [J]. 中国市场, 2012 (10): 95-98.

[16] HEISKANEN E, JOHNSON M, ROBINSON S, et al. Low-carbon Communities as a Context for Individual Behavioural Change [J]. Energy Pollcy, 2010, 38 (12): 7586-7595.

[17] 杜宾宾. 珠海建设低碳城市战略初探 [J]. 市场论坛, 2011 (1): 29-30.

[18] 凌明泉. 我国低碳经济发展存在的问题及对策研究 [J]. 中国市场, 2012 (22): 125-126.

[19] 孙萍. 我国低碳经济发展现状与对策 [J]. 辽宁广播电视大学学报, 2012 (2): 57–58.

[20] 范翰章, 张宇红. 我国城市建设战略观念的探索 [J]. 沈阳建筑工程学院学报 (社会科学版), 2002, 4 (2): 4–6.

[21] EDWIN D O, ZHANG X L, YU T. Current status of agricultural and rural non–point source pollution assessment in China [J]. Environmental Pollution, 2010, 158 (5): 1159–1168.

## 第三节 北京生态城市建设发展研究

随着气候变暖和环境被破坏，发展生态经济成为全球的必然。当前我国经济已进入新常态，经济结构不断优化升级，为生态经济打开了巨大发展空间。而城市是人类社会经济活动的中心，作为生态经济发展的重要载体和内涵，发展生态城市是中国城市建设的必然发展趋势。首都北京是中国的发展中心，是特大城市，存在人口众多、环境污染、资源紧缺等问题，目前北京的发展已受到资源生态环境及自身发展空间的极大局限，迫切需要寻求和研究新常态下北京生态城市建设策略和有效路径。

### 一、生态城市建设的研究论述

#### （一）生态城市建设的意义

当今，面对全球气候变暖和资源危机等问题，发展生态经济已经成为必然。生态经济是一种以能源消耗较少、环境污染较低为基础的绿色经济模式，是一种全新的经济发展模式，是实现可持续发展的具体路径和必由之路。提高能源效率、开发清洁能源、发展低碳经济已经逐渐成为全球的共识，发展生态经济已经上升到国家战略高度，生态经济已从一个应对气候变化、环境保护和资源紧缺的技术问题转变为决定未来国家综合实力的经济和政治问题，并将成为未来规制世界发展格局的新规则。中国发展生态经济既是共同应对气候和环境变化的内在要求，也是建设资源节约型、环境友好型社会和构建社会主义生态文明的必然选择，更是转变经济发展方式、实现经济社会可持续发展的必由之路。生态城市是发展生态经济的最重要载体，生态城市建设是生态经济发展的重要内涵。目前，生态城市建设已经成为世界各国城市建设的热点问题，生态发展模式成为新一轮经济增长的关键词。随着工业化、城市化进程快速推进，中国城市面临的节能减排问题日益严峻。中国是人口大国，坚持节约资源和保护环境是基本国策，发展生态经济、建设生态城市是实现这一国策，促进城市经济与资源环境和谐发展的重要途径之一。走生态发展之路是中国的必然选择，也是城市建设的必然选择。

### （二）生态城市建设的内涵

英国经济学家皮尔斯1989年的《绿色经济蓝皮书》首次提出绿色经济概念。绿色经济是以市场为导向、以传统产业经济为基础、以经济与环境的和谐为目的而发展起来的一种新的经济形式。英国2003年的《能源白皮书》首次提出低碳经济概念。低碳经济一般是指以低能耗、低污染、低排放为基础的绿色经济。只要我们大力发展生态经济，转变经济发展方式，我们的经济发展就会可持续，我们与自然的关系就会更加和谐。本书探讨的生态城市是既要建设低碳城市，又要建设绿色城市，两者相互促进，既是建设的过程，又是建设的结果，要建设低碳城市和绿色城市的结合体，即建设生态城市。生态城市建设是以效率、和谐、持续为发展目标，本着节能减排、应对气候变化和环境保护的原则，是能源技术、减排技术、制度创新、产业优化及人类生存发展理念的根本性转变，追求生态、生产、生活的"三生共赢"，注重经济、社会、环境的和谐统一发展，促进经济、社会、环境的长期的可持续发展。[1]

### （三）生态城市建设系统

生态城市建设以生态农业、循环工业、持续服务产业、能源高效利用、清洁能源开发、追求绿色GDP、优化能源结构、调整产业结构为基本内容，是一个要素众多、目标和功能多样、关系交错的复杂大系统。以系统论思维，基于PEST分析方法，主要从政治、法律、经济、社会文化和技术方面来探讨生态城市建设。这里认为，生态城市建设主要是由民主的政治系统、高效的经济系统、和谐的社会系统、创新的技术系统和健康的环境系统等五个子系统组成，这五个子系统之间相互制约和相互影响，构成"五位一体"的系统，如图2-5所示。[2]

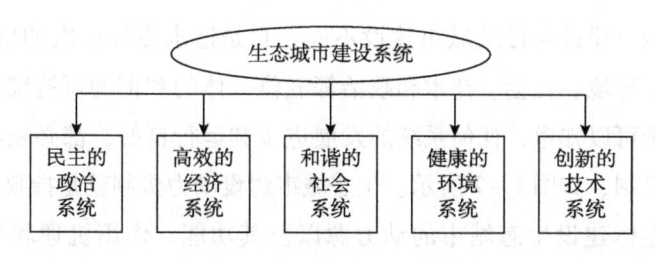

图2-5 生态城市建设系统组成

## 二、生态城市建设的理论探索

### （一）理论依据

生态城市还属于前沿理论领域，目前国内外尚缺少综合系统的定义和研究，很多研究者给其的定义和理解也不很相同。世界自然基金会认为，生态城市是指能够在经济高速发展前提下，二氧化碳排放处于较低水平和保持能源消耗的城市。中国城市科学研究会认为，生态城市是指以生态经济为发展方向、模式及市民采取生态生活方式、城市管理以生态社会为建设目标的城市。在生态城市建设战略研究中，基于系统论理论，我们要把经济与环境看成一个统一整体来研究，环境就是这一个整体中的内生变量，如图2-6所示。[3]

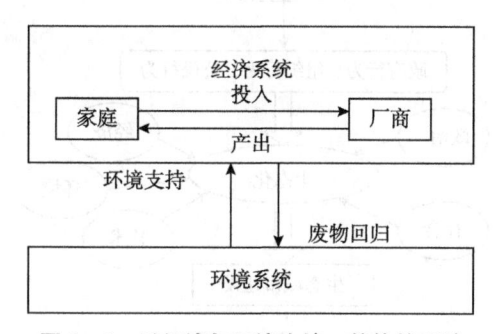

图2-6 以经济与环境为统一整体的系统

## （二）生态城市的动力机制

### 1. 动力机制的机理

生态城市建设与传统城市建设不同，它是追求更高层次的城市建设，寻求经济、环境、社会、技术和政治等五位一体的和谐的可持续发展。由系统论理论可以知道，任何系统的发展进步和运行良好，都必须有科学合理的动力机制，如图2-7所示。生态城市建设动力机制就是指政府、组织和公民等主体建设生态城市的动力源以及其功能、作用机理和作用过程等。动力源是指推动生态城市建设的推动力，包括内在动力源和外生动力源。其中，内在动力源主要包括追求生态城市目标及探索生态城市建设道路。外生动力源主要包括资源压力和环境承载力等约束力，可持续发展要求和文明进化等驱动力，政策支持、法律保障和国家发展战略导向等政策力，生态技术创新支撑力及国内外生态城市建设成果吸引力。生态城市建设动力机制的作用机理是在内外动力源的作用下，建设主体依照市场规律调节自己的导向与行为，推动社会、经济、环境、技术和政治的生态化，

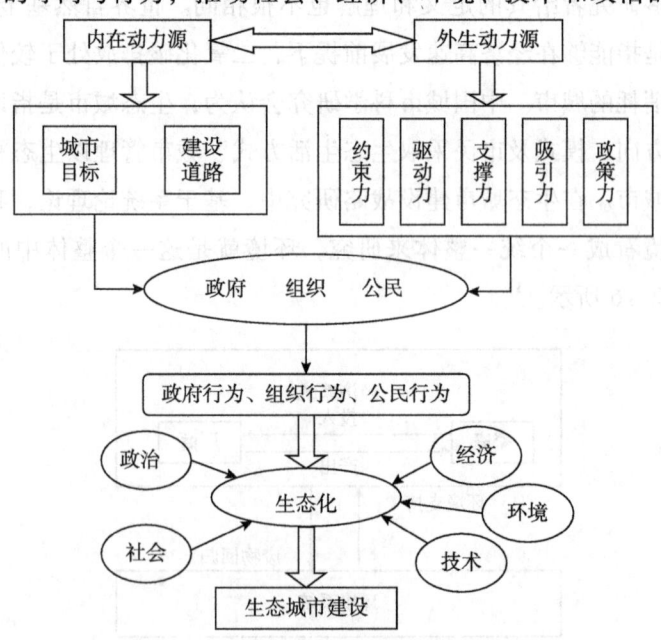

图2-7 生态城市建设动力机制作用流程

建设"五位一体"的均衡稳定和可持续发展的生态城市。

2. 动力机制的模型

根据以上的生态城市建设动力机制机理分析，可以看出内外动力源和各种作用因素在对生态城市建设过程中的影响是彼此作用、相互联系的。一方面，只有内在动力源和外生动力源的协调和共同作用，人类生态城市才能够实现；另一方面，在不同时期和不同地区，内在动力源和外生动力源对生态城市建设的影响不同，作用也不同。比如，在生态城市建设初期，人类建设生态城市的要求非常迫切，内在动力源就会产生非常大的作用，而政府政策力将是推进生态城市建设的第一外在动力，将会产生决定性作用。生态城市建设的动力机制模型如图 2-8 所示。

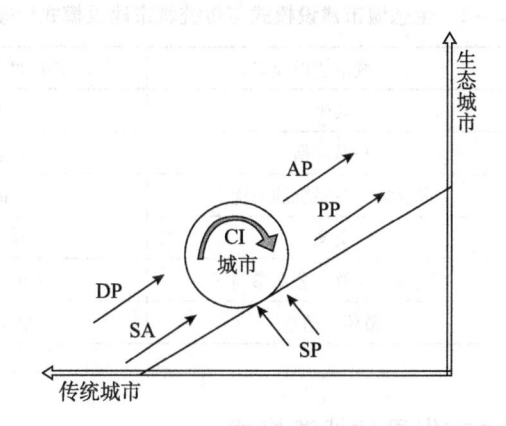

**图 2-8　生态城市建设的动力机制模型**

注：AP—Attractive Power 是吸引力；PP—Policy Power 是政策力；DP—Driving Power 是驱动力；SA—Sanction 是约束力；SP—Support Power 是支撑力；CI—Co-Interest 是共同利益。

图 2-8 中，各因素之间的关系可以用下式表示为：

$$GC = f(CI, AP, PP, DP, SA, SP, T)$$

式中，$GC$（low-carbon green city）是生态城市。从式中可知，如果把生态城市看作一个函数，那么生态城市建设就要受到三个方面因素影响：内在动力机制因素（$CI$）、外在作用机制因素（$AP$、$PP$、$DP$、$SA$、$SP$）和时间（$T$）。[4]

## 三、生态城市的发展模式

### (一) 生态城市的建设模式

生态城市建设是一个全新模式。生态城市是一个组成系统繁多、结构复杂和运行烦琐的系统组合，它追求的是在一定约束条件下系统组成因子的最优化。生态城市建设是当今世界各国的一致追求，是在经济、环境、社会、技术和政治等领域的创新，是一个系统创新。生态城市建设是可持续发展，区别于传统城市建设的主要是哲学观、价值观、内容目标、学科范畴、决策方式、建设程序等（见表2-2）。

表2-2 生态城市建设模式与传统城市建设模式比较

| 项目 | 生态城市建设模式 | 传统城市建设模式 |
| --- | --- | --- |
| 哲学观 | 共生 | 自生 |
| 价值观 | 和谐均衡 | 疯狂掠夺 |
| 内容目标 | 多目标、各系统的最优 | 单目标 |
| 学科范畴 | 交叉 | 单一学科 |
| 决策方式 | 民主、开放、公众参与 | 封闭、行政干预 |
| 建设程序 | 循环、动态 | 单向、静止 |

### (二) 生态城市发展的战略模式

在生态城市发展的战略模式中，基于生态城市建设的目标，政府依托管理机制和政策体系，与当地的企业组织和社会公众进行合作，相互影响和共同促进，形成生态发展的长效机制，通过把政策转化成经济信号，进而引导企业组织和社会公众融合到生态城市建设中。生态城市的发展需要对应的管理模式和发展战略，其发展战略模式可以用图2-9来表示。其中包含四个参与主体，即政府、市场、企业和公众。生态城市发展战略模式是一个动态的、循环的和不断创新的过程，是若干个子系统的综合体现，其根本所在就是城市的长期利益和可持续的发展。[5]

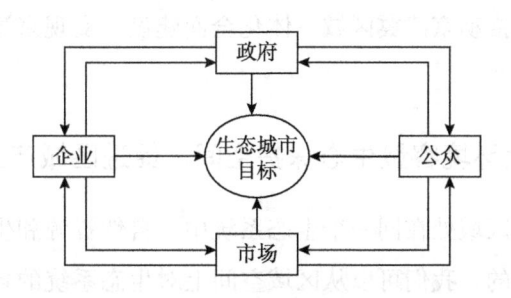

图 2-9 生态城市发展战略模式

## 四、京津冀区域生态一体化发展

中国经济已经步入新常态，迫切需要寻求新的动力源，京津冀协同发展主要是为了解决三地发展的不平衡问题。北京大城市病可以通过京津冀区域协同发展来缓解，北京生态城市建设可以通过京津冀区域生态一体化发展来促进。2015年4月中共中央政治局会议审议通过的《京津冀协同发展规划纲要》指出，推动京津冀协同发展是一个重大国家战略，核心是有序疏解北京非首都功能，并提出环保、交通和产业升级转移是京津冀协同发展的三个重点领域。生态一体化发展是京津冀区域协同发展的三大重要领域之一，是交通一体化和产业一体化发展的首要突破口。

### （一）加强生态文明建设，协调京津冀区域发展

生态文明建设遵循自然规律，考虑资源环境承载力，以可持续发展为目标。新常态下，我国非常重视加强生态文明建设，习近平总书记强调京津冀协同发展是新首都经济圈营造、区域创新发展深入的需要，是探索生态文明建设的有效路径。基于生态的角度，人的生存与发展离不开自然界，是一个共生存的系统整体，人可以利用和改造自然，但人的行为要符合自然规律，这就需要进行生态文明建设。党中央强调要把生态文明建设与政治法律建设、经济建设和社会文化建设全面融合一起发展，以生态文明建设为契机，通过京津冀区域三地的协同发展，可以使其在信息技术、生态资源、地域环境及人才流动等方面互相补充，共同互赢互惠相互融合发展，实现人与自然和谐发展，基于生产、生态、生活"三生共赢"发展

理论，可以有效推动京津冀区域一体化全面建设，实现京津冀区域的可持续发展。[6]

## （二）扩大环境容量生态保护空间，促进区域产业协作

鉴于京津冀区域处在同一个生态系统中，自然资源和生态环境是共同拥有和相互影响的，我们可以从区域空间上对生态系统的各要素进行整体协调，以资源环境承载能力为基础，统筹区域生态空间、生产空间和生活空间布局，扩大生态保护空间，增加生态资源流量，提高生态环境容量和资源承载能力，形成节约资源和良好环境的空间布局，增强生态系统整体功能，在空气质量、水资源及土壤环境等各方面完善生态建设补偿机制。在京津冀区域协同发展中，本着优势互补与互利共赢原则，推动新兴产业兴起发展及促进已有产业转型升级，促进产业链的空间分工布局优化，促进京津冀在信息技术和新能源等新兴产业领域的进一步合作，进一步完善京津冀区域产业体系，[7]促进京津冀区域产业一体化发展，推动京津冀经济、社会、环境和资源等的可持续发展。

## （三）加强生态资源环境保护，实现生态一体化

京津冀区域在促进经济社会发展同时也危害了生态环境，鉴于生态资源环境承载力及"三生"承载力有限，所以我们要加强生态资源建设和自然环境保护。参考美国著名经济学家弗里德曼（Friedman）等人关于区域协同发展过程的观点，京津冀区域协同发展主要是要素一体化，要注重在产业、交通及生态领域的发展，逐步实现产业转移一体化、交通设施一体化及生态环境保护一体化等的协调发展。加强生态资源环境保护，逐步构建系统化、功能化和一体化的京津冀生态环境保护一体化系统，做好京津冀三地的大气气候调节和生态环境保护问题。在新常态京津冀协同发展的重大国家战略指导下，逐步实现京津冀区域内生态资源环境保护一体化发展，以最小的资源环境代价实现最大效益的可持续增长，促进京津冀区域一体化发展，在京津冀区域内积极建设生态城市，促进北京生态城市建设。

## 五、北京生态城市建设的问题及策略

作为中国首都的北京是特大型城市，存在着人口众多、雾霾天多、环境污染、交通拥堵、资源紧张及资源利用效率低等问题，为了人们的健康和社会的进步，为了经济、社会和环境的和谐发展，进行生态城市建设显得尤为重要。在以上理论探讨基础上，结合北京市的实际情况，进行北京生态城市建设探索，针对其发展中的实际问题，提出相应的建设策略。

### （一）推动北京"五位一体"和谐统一发展

北京以"国家首都、世界城市、宜居城市"为目标，将城市发展建设与生态环境保护密切结合，共建北京生态城市发展，力求使北京市资源利用效率和环境状况处于国内领先地位。政策法规引导和宣传强化是建设生态北京的重要保障，与人民生活水平提高、社会进步和经济发展紧密结合，用法律法规来规范生态城市建设，只有通过行政管理系统、政务信息系统、决策程序及合理有效的法律法规、工作机制等建立民主的政治法律体系，通过城市产业结构优化、一二三产业体系等建立高效的经济发展体系，通过社会保障系统、文体教卫系统、生活品质、生态理念等建立和谐的社会文化体系，通过空气质量、碳足迹、绿地覆盖率、水质达标率、人均水资源及垃圾处理率等建立健康的生态环境体系，通过科研创新、技术研发、自主创新、开发新能源等生态技术建立的技术创新体系，才能促进政治法律、经济发展、社会文化、生态环境和技术创新"五位一体"的和谐统一发展，如图2-10所示，才能建设好北京生态城市，才能促进北京经济、社会和环境的长期可持续发展。

### （二）促进北京"三维一体"合力互动发展

基于以上理论探索，针对北京市实际发展情况，促进政府、企业、社会"三维一体"的合力互动发展，政府部门、行业企业和社会组织等主体共同参与建设生态城市，如图2-11所示。在政府政策的正确有力引导下，加大管理体制改革力度，加强政府宏观指导和规划标准政策制定，加快推进能源体制改革，推动可再生新能源发展的机制建设，严格执行国家和北

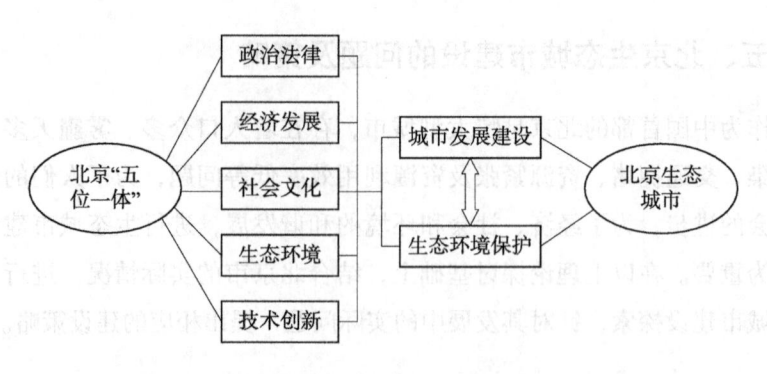

图 2-10 北京"五位一体"生态城市发展模式

京市有关的法律、法规和标准，把城市环境管理纳入法制化的轨道。充分调动和发挥行业企业的中坚力量，加强科研院所和行业企业的合作共赢，加强行业企业的自主创新能力，以政府为引导，以市场为主导，以资源为基础，积极开发太阳能、生物能和风能等清洁新能源。在全社会形成生态理念观念，以崭新的生态理念来规划城市建设，加强媒体生态宣传，强化生态发展教育，在社会公民中逐渐形成和强化生态观念和生态意识，使生态观念深入人心，让公民认识到北京生态城市建设的重要性和必要性，树立全民生态城市建设的理念。[8] 以提高综合效率为核心，依靠政府部门、行业企业和社会组织的共同参与，加强政府、企业和社会的三者合力互动，才能实现北京生产、生态和生活的"三生"共赢发展。

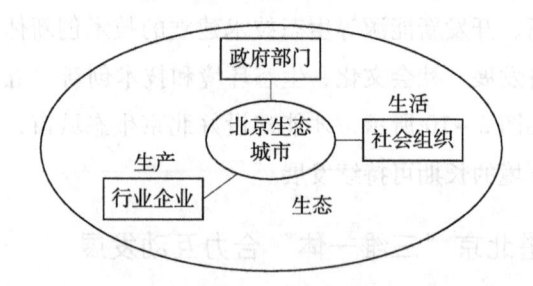

图 2-11 北京"三维一体"生态城市发展模式

### （三）加快北京可再生能源的发展

基于以上分析，北京需要推进能源体制改革，建立有助于实现能源结构调整和可持续发展的价格体系，建立完善有效的财务管理体制、环境法制体制和监管机制，以行政制约推进节能减排，强化环境保护和城市管理。建设北京生态城市，要严格执行国家和市区政府相关的法律、法规和政策标准，加强社会保障体系、人文环境保护等社会治安体系，把城市环境管理纳入法制化的轨道，建设生态产业体系和政策法规保障体系，加强资源综合利用和节能降耗，倡导绿色消费和开发利用新能源，生产性服务业与传统制造业相融合，推进生态经济体系建设，优化升级产业结构，加强产业对接，实现资源优化配置。将政府补贴从环境破坏性行业转移到高效率技术、新能源和清洁生产上，加大对环境税的征收，对节能减排企业组织给予一定数额补贴和减免税收，进而引导新型城市建设转型。政府部门要加强组织领导，强化目标责任制度，把生态城市建设纳入重要进程，进一步加强和完善管理体制，以加速北京生态城市建设，把北京建设成为产业优化、环境舒适、持续发展、资源节约、社会和谐的生态城市（见表2-3）。

表2-3　北京生态城市建设策略

| 建设策略 | 具体做法 |
| --- | --- |
| 推动北京"五位一体"和谐统一发展 | 鉴于以上的理论探讨，只有通过建立民主的政治系统、高效的经济系统、和谐的社会系统、健康的环境系统和创新的技术系统，才能促进北京经济、社会和环境的和谐统一发展 |
| 促进北京"三维一体"合力互动发展 | 针对北京市实际发展情况，促进政府、社会、企业"三维一体"的合力互动发展，社会、政府、组织和公民等主体共同参与建设生态城市 |
| 加快北京可再生能源的发展 | 推进能源体制改革，完善政府政策、体制和机制，加强政府领导，政府补贴导向 |

总之，气候变暖和资源紧缺，使生态经济发展成为全球必然。城市作为生态经济发展载体和重要内涵，发展生态城市是中国城市建设的必然发展趋势。生态城市建设是"五位一体"的复杂的综合系统，通过探讨生态城市的动力机制，研究生态城市的发展模式，针对特大型城市北京的发展情况及存在问题，新常态下，通过京津冀区域协同发展缓解北京大城市病，通过京津冀区域生态一体化发展促进北京生态城市建设，提出北京生态城市建设相应的策略，促进北京"三维一体"合力互动发展，构建北京

和谐社会，加速北京生态城市建设，促进北京经济、社会和环境的长期可持续发展。

**参考文献**

[1] 陶良虎. 中国低碳经济——面向未来的绿色产业革命 [M]. 北京：研究出版社，2010.

[2] LI J L, HUANG H F. Green economic development and management [G]. The 2nd Academic Conference on Energy, Environment and Development (IACEED 2011), 2012 (1).

[3] YANG S T, DONG G T, ZHENG D H, et al. Coupling Xinanjiang model and SWAT to simulate agricultural non-point source pollution in Songtao watershed of Hainan, China [J]. Ecological Modelling, 2011, 222 (20/22): 3701 – 3717.

[4] 王彦鑫. 生态城市建设：理论与实证 [M]. 北京：中国致公出版社，2011.

[5] NAKATA T, SILVA D, RODIONOV M. Application of Energy System Models for Designing a Low-carbon Society [J]. Progress in Energy and Combustion Science, 2011, 37 (4): 462 – 502.

[6] 谈镇. 习近平区域经济发展思想及其实践展开 [J]. 南京社会科学，2015 (4): 1 – 6.

[7] 李京文，李剑玲. 京津冀协同创新发展比较研究 [J]. 经济与管理，2015 (2): 13 – 17.

[8] 李剑玲. 基于低碳绿色经济的中国城市建设问题研究 [J]. 生态经济，2014 (5): 53 – 56.

## 第四节　京津冀新型城镇化创新发展研究

城镇化是经济发展的重要拉动力量，可以推动产业结构和经济消费的增长，是现代文明的重要标志。城镇化可以促进资源在区域间的流动，逐步实现资源的优化配置，最终实现区域的协调发展，实现经济社会和谐可持续发展。但是，目前区域城镇化建设中没有处理好经济社会发展同生态资源环境之间的关系，阻碍了区域城镇化发展进程，有碍于区域经济社会发展，所以基于生态的京津冀城镇化发展研究意义重大，需要有合适的发展模式与发展策略。

## 一、城镇化创新发展的必然性

城镇化创新发展的内涵是在坚持发展城镇化的基础上，坚持以人为本，结合新型工业化，坚持城乡发展一体化，发展低碳绿色生态经济，处理好经济社会发展与生态资源环境保护间的关系，追求生态文明与社会和谐，达到生产、生活、生态的"三生共赢"，促进经济、社会、环境的可持续发展，涵盖了新型城镇化和生态城镇化。

目前世界上有一半多的人口生活在城镇，到2025年将有三分之二的人口生活在城镇，因此城镇化是各国经济社会发展的必然选择。经济结构失衡是制约我国发展的一个重要因素，主要表现在一二三产业的比例失衡上，农业基础薄弱，工业大而不强，服务业发展滞后。城镇化建设有利于工业结构的转型升级，实现资源整合与优化，将有助于推动生活性服务业和生产性服务业的发展，将直接扩大对第二产业及第三产业的需求，逐步扭转经济结构的失衡，促进经济社会的和谐发展。中国的城镇化率在逐年加大，中国的城镇化发展程度在逐年增强，但是随着城镇化发展程度的增强，中国的城镇化逐渐显现出结构失调、土地资源短缺、土壤污染严重、资源消耗过快和生态环境被破坏等很多问题，所以城镇化创新发展势在必行。

党的十八大明确提出，把生态文明理念和原则全面融入城镇化全过程，走集约、智能、绿色、低碳的新型城镇化道路。生态城镇化是集约、智能、绿色、低碳的新型城镇化道路的具体体现，是城镇化与生态文明建设在过程与行动上的融合。大力推进生态城镇化建设是落实党的十八大精神的必然要求，也是人类文明的发展体现，是城镇化发展的必然趋势。生态城镇化是将生态文明融入城镇化发展进程中，实现城镇化建设与环境、资源、产业、经济、社会等方面的和谐发展，全面建设环境友好、资源节约、低碳环保、集约高效的绿色生态城镇，追求生态城镇经济社会环境的可持续发展。自从党的十八大将生态文明建设提升为五位一体格局的重要组成以来，有关生态城镇化的理论研究逐步升温。生态城镇化一般是指以科学发展为原则，以生态文明建设、生态环境保护、生态经济发展为核心，以实现经济社会环境可持续发展为目的，从经济社会实际出发，合理推进生态城镇化的建设，统筹考虑城镇化建设与人口、资源、环境的关系，推进经济体系、社会文化和生态环境的全面和谐发展，其基本特征主要体现在以人为本、复合生态和协调发展等方面。复合生态主要是指在生态城镇化建设中要从生态自然、生态经济和生态社会三个方面着手，体现生态环境、生态产业和生态文化的具体要求，全面建设绿色环境、绿色经济和绿色社会的生态城镇，使经济、社会与生态相协调一致发展，促进经济、社会与生态环境的可持续发展。[1]

## 二、京津冀城镇化发展现状

中国已经进入快速城镇化发展时期，国家统计局报道2019年中国城镇化率达到60.60%，相比新中国成立初期的城镇化率10.64%，增长幅度很大。在中国经济社会发展中，城镇化占有重要地位，因为它构建着区域发展的重要指标体系，城镇化将反映并影响着整个区域的社会经济发展，是经济社会现代化发展水平的标志。国际上，城镇化水平以居住在城镇里的人口占总人口的比重作为衡量指标。发达国家的城镇化水平高于70%，发展中国家一般高于50%，落后的农业国一般低于20%。城镇化水平是一个国家和地区经济社会发达与否的重要标志之一[2]。

2019年，京津冀地区共实现生产总值84580.1亿元，占全国的8.6%，人均GDP是全国平均水平的1.42倍，是我国经济增长较快的区域。2019年，北京市、天津市、河北省的生产总值分别为35371.28亿元、14104.28亿元、35104.52亿元，分别占该地区经济总量的41.82%、16.68%、41.50%，与2011年的北京市、天津市、河北省的生产总值分别占该地区经济总量的31.21%、21.71%、47.08%相比较，可以看出北京市的生产总值在京津冀经济总量中的占比在增大，而河北省、天津市在京津冀中的占比在减小。2019年，京津冀区域中北京市、天津市、河北省的城镇化发展情况比较如表2-4、表2-5、表2-6所示。

表2-4 京津冀区域生态城镇化情况（2019年）

| 地区 | 城市绿地面积（公顷） | 建成区绿化覆盖率（%） | 人均公园绿地面积（平方米） | 城市污水日处理能力（万立方米） | 市容环卫专用车辆设备总数（台） |
|---|---|---|---|---|---|
| 北京 | 88704 | 48.5 | 16.40 | 703.6 | 12526 |
| 天津 | 42921 | 37.5 | 9.21 | 318.9 | 5276 |
| 河北 | 93701 | 42.3 | 14.29 | 663.9 | 11885 |

资料来源：《中国统计年鉴》（2020）。

通过表2-4比较分析可以看出，2019年北京的城市绿地面积较大、建成区绿化覆盖率较高、人均公园绿地面积较大，北京的城市污水日处理能力比较强、市容环卫专用车辆设备总数最多，说明北京比较注重城市环境卫生和绿化建设，北京的生态绿化做得比较好，北京的生态环境比较好。

表2-5 京津冀区域的经济发展情况（2019年）

| 地区 | 地区生产总值（亿元） | 第一产业（亿元） | 第二产业（亿元） | 第三产业（亿元） | 人均地区生产总值（元） | 人均可支配收入（元） |
|---|---|---|---|---|---|---|
| 北京 | 35371.28 | 113.69 | 5715.06 | 29542.53 | 164220 | 67755.9 |
| 天津 | 14104.28 | 185.23 | 4969.18 | 8949.87 | 90371 | 42404.1 |
| 河北 | 35104.52 | 3518.44 | 13597.26 | 17988.82 | 46348 | 25664.7 |

资料来源：《中国统计年鉴》（2020）。

通过表2-5比较分析可以看出，2019年北京以第三产业发展为主，比重达到83.5%，并呈明显的高端化趋势，天津的第三产业发展最好，河北的第二产业、第三产业发展很好，天津、河北第二产业比较之前占比有所下降，分别为35.2%和38.7%；北京、天津的人均地区生产总值远远大于河北的人均地区生产总值；北京的人均可支配收入大于天津的，天津的人均可支配收入大于河北的人均可支配收入。由此可知，北京的服务及信息等产业发展较好，天津的建筑业制造业发展较好，河北的农业、制造业发展较好；北京、天津的经济发展好于河北，北京的市民收入水平较高、生活水平较高、人均可支配收入较多。

表2-6 京津冀区域教育科研情况（2019年）

| 地区 | 6岁及以上人口（人） | 未上过学的人口（人） | 大专及以上人口（人） | 高校数（所） | 发明专利授权数（件） |
|---|---|---|---|---|---|
| 北京 | 15743 | 311 | 7948 | 93 | 131716 |
| 天津 | 11563 | 247 | 3338 | 56 | 57799 |
| 河北 | 54846 | 1950 | 6206 | 122 | 57809 |

注：本表是2019年全国人口变动情况抽样调查样本数据，抽样比为0.78‰。
资料来源：《中国统计年鉴》（2020）。

通过表2-6比较分析可以看出，2019年河北人口最多，而北京大专及以上人口最多，可以知道北京受教育人口比例远远大于天津和河北；北京的发明专利授权数最多，远大于天津和河北；可以知道北京的科技研发及信息发展最好，北京拥有更多的先进技术资源，这与北京的第三产业发展最好相对应。

通过以上三个表格分析可以看出，京津冀城市化发展水平存在较大差异，除北京市、天津市两个大城市以外，次级城市发展存在明显不足，中小城市发展对其周边地区的辐射能力比较弱，城市发展体系不够合理。[3] 京津冀区域城镇化整体发展水平相对较低，没有很好地处理经济社会发展与生态资源、环境保护之间的关系，区域城镇化发展缺少创新性，基于生态的城镇化发展不够，需要大力加强区域城镇化创新发展，提高京津冀城镇化的整体发展水平，促进经济发展、社会和谐与环境保护，促进京津冀区域的协同创新发展。

## 三、京津冀与长三角、珠三角城镇化比较分析

人口城镇化和城镇化发展都会带来区域空间和人地关系的变化，城镇化发展强度，一般是指城镇化发展进程中空间形态及人地关系变化的程度。

京津冀是我国三个"增长极"之一所在区域，在全国社会经济发展中具有重要地位。京津冀区域的国土面积是21.7万平方千米，约占全国国土面积的2.29%。2019年京津冀区域常住人口1.13亿人，占全国总人口（不含港澳台）的8.2%。其中，北京市、天津市人口高度聚集，人口密度分别是1435人/平方千米和1305人/平方千米，均是河北省（402人/平方千米）的

3倍以上，是全国平均水平（145人/平方千米）的9倍以上。从经济发展情况来看，2019年，京津冀三地GDP总量达到84580.1亿元，占全国的8.6%，地方公共财政预算收入是11966.5亿元，占全国的11.84%。下面对京津冀、长三角、珠三角经济圈的年末城镇人口比重，以及城市建设发展程度进行比较，可以看到城镇化程度在逐步提高，如表2-7和表2-8所示。

表2-7　2016—2019年三大区域的年末城镇人口比重　　　　　（%）

| 都市圈 | 地区 | 2016年 | 2017年 | 2018年 | 2019年 |
| --- | --- | --- | --- | --- | --- |
| 京津冀 | 北京 | 86.50 | 86.50 | 86.50 | 86.60 |
|  | 天津 | 82.93 | 82.93 | 83.15 | 83.48 |
|  | 河北 | 53.32 | 55.01 | 56.43 | 57.62 |
|  | 均值 | 74.25 | 74.81 | 75.36 | 75.90 |
| 长三角 | 上海 | 87.90 | 87.70 | 88.10 | 88.30 |
|  | 江苏 | 67.72 | 68.76 | 69.61 | 70.61 |
|  | 浙江 | 67.00 | 68.00 | 68.90 | 70.00 |
|  | 均值 | 74.21 | 74.82 | 75.54 | 76.30 |
| 珠三角 | 广东 | 69.20 | 69.85 | 70.70 | 71.40 |

资料来源：《中国统计年鉴》（2020）。

通过表2-7分析比较可以看出，京津冀和长三角、珠三角区域的年末城镇人口比重均值都是逐年加大的，城镇化是必然的发展趋势，但是城镇化发展程度的逐步加大，需要经济、文化、生态环境等发展来配套支持。

表2-8　2019年三大区域的城市建设及公共交通情况

| 都市圈 | 地区 | 城市建设用地面积（平方千米） | 城市人口密度（人/平方千米） | 每万人拥有公共交通车辆（标台） |
| --- | --- | --- | --- | --- |
| 京津冀 | 北京 | 1469.1 | 1137 | 17.41 |
|  | 天津 | 1151.1 | 4939 | 10.93 |
|  | 河北 | 2182.1 | 3063 | 13.18 |
| 长三角 | 上海 | 1237.9 | 3830 | 9.29 |
|  | 江苏 | 4648.3 | 2221 | 15.52 |
|  | 浙江 | 3021.9 | 2064 | 16.42 |
| 珠三角 | 广东 | 6397.7 | 3859 | 11.93 |

资料来源：《中国统计年鉴》（2020）。

通过表2-8比较分析可以看出，2019年长三角和珠三角的城市建设用地面积大于京津冀的城市建设用地面积，城市人口密度是珠三角的较大，可以知道长三角、珠三角的城镇化发展建设程度大于京津冀的城镇化发展程度，京津冀可以借鉴长三角、珠三角的城镇化发展建设经验。

## 四、京津冀城镇化创新发展模式及发展策略

### （一）京津冀城镇化创新发展模式

1. 京津冀城镇化"三维一体"创新发展模式

京津冀生态城镇化建设要全面统筹、协同发展，要协同政府、社会和个人三个层面，构建政府、社会、个人的"三维一体"模式，如图2-12所示，做到政府统筹、社会参与、个人配合的合理互动。政府层面主要是通观全局，把握好顶层设计和总体规划，政府要全面树立生态文明建设理念，将生态文明建设观念全面深入各项工作，统筹城乡发展，制定和完善相关的各项法规制度，推进城镇化整体进程。社会是生态城镇化建设的主体，只有全社会的共同参与，生态城镇化才会有效发展。社会产业的合理布局对生态城镇化建设影响巨大，依据自然资源和环境负载来调整定位社会企业，才能保护生态资源环境，保障区域城镇化的可持续发展。生态城镇化需要社会公民的积极参与和配合，以使社会总体环境发生良性变化和实现有效发展。公民要树立绿色环保和低碳生活的理念，并贯彻于实际工作生活中的方方面面，要主动参与配合到社会生产方式的总体变化过程中，为产业结构优化升级和经济发展方式转变贡献自己的力量。[4]

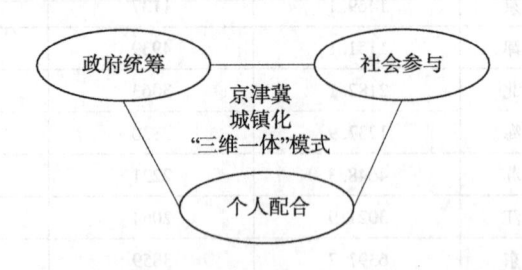

图2-12 京津冀城镇化"三维一体"创新发展模式

## 2. 京津冀城镇化"五位一体"创新发展模式

京津冀生态城镇化建设要统筹宏观大环境，构建基于 PEST 分析基础上的政治、经济、社会、技术、环境的"五位一体"发展模式，如图 2-13 所示，政府政策法规是区域生态城镇化的有力保障，低碳绿色循环经济是区域生态城镇化的影响因素，社会企业转型是区域生态城镇化的发展动力，低碳绿色科技创新是区域生态城镇化的促进途径，生态资源环境保护是区域生态城镇化的必需条件。京津冀区域生态城镇化建设是一个资源共享的整体，区域生态城镇化建设是一个长期的综合系统工程，需要通过政治、经济、社会、技术和环境的区域一体化建设，加强区域生态与产业行业间的联合与协作，提升产业结构升级和优化自然资源配置，加强生态资源环境联防联控建设，统筹区域生态环境保护和资源能源建设，构建政治、经济、社会、技术和环境的统一协调机制，从政策、资金、人才、科技和能源等方面建立长期长效的补偿方式。京津冀区域生态城镇化建设，加强顶层规划设计，完善宏观空间布局，以北京市为城镇化建设核心，辐射带动开发周边城镇化发展，形成高效发展的京津冀区域生态城镇化。[5,6]

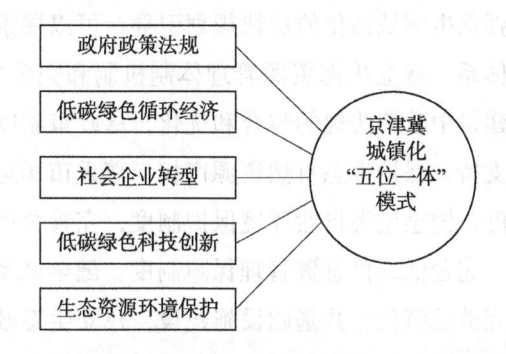

**图 2-13 京津冀城镇化"五位一体"创新发展模式**

## （二）京津冀城镇化创新发展策略

### 1. 加强京津冀区域生态文明建设

生态文明建设遵循自然规律，考虑资源环境承载力，以可持续发展为目标。新常态下，我国非常重视加强生态文明建设，习近平总书记强调京津冀协同发展是新首都经济圈营造、区域创新发展深入的需要,是探索生态文明建设的有效路径。基于生态的角度,人的生存与发展离不开自然界,是一个共生存的系统整体,人可以利用和改造自然,但人的行为要符合自然规律,这就需要进行生态文明建设。[7]区域城镇化发展与生态文明建设是相互影响、相互制约与相互促进的。生态资源环境与经济社会发展是相辅相成的,经济社会发展只有在尊重自然规律、不破坏生态资源环境的情况下,才能实现可持续的发展,保障区域城镇化健康、有序地协调发展。生态文明为城镇化建设提供了理论依据和实践指导,以生态文明建设为契机,通过京津冀区域三地的协同发展,可以使其在信息技术、生态资源、地域环境及人才流动等方面互相补充,共同互赢互惠相互融合发展,实现人与自然和谐发展,基于生产、生态、生活"三生共赢"发展理论,可以有效推动京津冀生态城镇化全面建设,实现京津冀区域的可持续发展。[8]

### 2. 推进京津冀区域体制改革和政策完善

从政府法律机制层面,修改完善相关的法律法规,明确城镇化建设中生态功能规定,强化生态城镇化的法律规划引导,可以探索构建基于生态绩效的政绩考核体系,建立生态资源管理体制机制和完善生态补偿机制,重视生态城镇化建设中政策法规的整合和优化,从政策制度体制方面给予有力引导和大力支持,保护生态自然资源产权,尊重市场运营规律,建立资源合理使用制度,健全生态自然环境保护制度,完善合理规划的土地资源使用管理制度,完善低碳投融资管理保障制度,健全城乡人口、教育及社会保障体系,完善城镇化公共基础设施建设,建立生态城镇化建设奖励补助体系,建立低碳绿色的生态交通体系,建立低碳绿色循环的生态经济体系,完善生态城镇化的考核指标体系,建立基于生态文明的考核指标体系,完善生态城镇化政策保障体系,以保障和促进京津冀区域生态城镇化建设。

### 3. 完善京津冀区域生态补偿机制

京津冀区域处在同一个生态系统中,自然资源和生态环境是共同拥有和相互影响的,可以从区域空间上对生态系统的各要素进行整体协调,以资源环境承载能力为基础，统筹区域生态空间、生产空间和生活空间布局，扩大生态保护空间，增加生态资源流量，提高生态环境容量和资源承载能力，形成节约资源和良好环境的空间布局，在空气质量、水资源及土壤环境等各方面建立生态建设补偿机制。在京津冀区域生态城镇化建设中，尊重自然科学发展规律，本着优势互补与互利共赢原则，追求人与生态自然的和谐发展，探索建立生态建设和资源保护的生态补偿机制，构建生态环境保护和区域经济建设协调发展机制，推动新兴产业兴起发展及促进已有产业转型升级，促进产业链的空间分工布局优化，进一步完善京津冀区域产业体系[9]，促进京津冀区域生态城镇化建设，推动京津冀经济、社会、环境和资源等的可持续发展。

4. 促进京津冀区域生态一体化建设

京津冀区域在促进经济社会发展同时也危害了生态环境，鉴于生态资源环境承载力及"三生"承载力有限，所以我们要加强生态资源建设和自然环境保护。参考美国经济学家弗里德曼等人关于区域协同发展过程的观点，京津冀区域协同发展主要是要素一体化，要注重在产业、交通及生态领域的发展，逐步实现产业转移一体化、交通设施一体化及生态环境保护一体化等的协调发展。加强生态资源环境保护，逐步构建系统化、功能化和一体化的京津冀生态环境保护一体化系统，做好京津冀三地的大气气候调节和生态环境保护问题，逐步实现京津冀区域内生态资源环境保护一体化发展，以最小的资源环境代价实现最大效益的可持续增长，促进京津冀区域生态城镇化建设，促进京津冀区域协同发展，促进京津冀区域经济、社会和环境的可持续发展。

区域城镇化建设可以拉动区域经济发展，可以促进区域协同发展。基于生态视角的京津冀城镇化建设，正确处理区域经济社会发展与生态资源环境保护的关系，促进京津冀区域协同发展。生态城镇化是发展的必然趋势，从生态资源环境保护和生态文明建设的角度，通过中国城镇化发展进程及京津冀城镇化发展现状分析，以及与长三角、珠三角城镇化的比较分析，构建政府、社会、个人"三维一体"发展模式及政治、经济、社会、技术、环境的"五位一体"发展模式，提出生态文明建设、体制改革推进和政策完善、生态补偿机制完善、生态一体化建设等发展策略。

**参考文献**

[1] 陈晓红,周智玉. 关于生态城镇化理论与实践的若干思考 [J]. 湖南商学院学报,2015 (1): 5-9.

[2] WU J G, XIANG W N, ZHAO J Z. Urban ecology in China: Historical developments and future directions [J]. Landscape and Urban Planning, 2014, 125 (3): 222-233.

[3] 赵弘. 北京大城市病治理与京津冀协同发展 [J]. 经济与管理, 2014 (3): 5-9.

[4] 李剑玲. 北京生态城市建设策略研究 [J]. 河北学刊, 2015 (6): 220-223.

[5] JIA K Z, YE Q, TIAN M C, et al. Study on the Isomorphic Relation between the Green Infrastructure Planning and the New-type-urbanization Ecological Construction in Urban and Rural Areas [J]. Industrial Construction, 2014, 44 (1): 57-60.

[6] 李剑玲. 基于低碳绿色经济的中国城市建设问题研究 [J]. 生态经济, 2014 (5): 53-56.

[7] 张新平. 生态文明视角下新型城镇化建设的思考 [J]. 管理学刊, 2015 (3): 40-45.

[8] 谈镇. 习近平区域经济发展思想及其实践展开 [J]. 南京社会科学, 2015 (4): 1-6.

[9] 李京文,李剑玲. 京津冀协同创新发展比较研究 [J]. 经济与管理, 2015 (2): 13-17.

# 第三章 生态位的京津冀区域交通发展

## 第一节 生态交通概念与目标

### 一、生态交通相关概念

随着社会经济发展和我国城镇化水平不断提高，交通需求日益增大，私人汽车数量急剧增长，导致道路拥堵、资源匮乏以及严重的环境污染和生态破坏。单纯通过扩充交通路网面积的方法已无法解决交通拥堵问题，只会造成"拥堵—道路扩充—再拥堵"的局面。交通系统是一个包括人类活动、自然、资源和社会等众多要素的复杂系统，交通系统在便利生活、促进经济发展的同时，必然会带来减少土地面积、占据资源、制造污染等问题，从生态角度思考交通建设是阻止交通生态环境继续恶化的重要途径。

关于生态交通的定义，众多学者从不同的角度进行了研究和阐述。王如松（2004）认为生态交通是一个由车、路、土地、能源、环境和人组成的复合生态系统，指出生态交通可以用于解决北京市交通布局不合理和交通堵塞等问题。[1]项贻强等（2005）对生态交通理念进行了进一步详细的剖析，指出生态交通强调的是"生态学""绿色"和"可持续性"，生态交通规划设计的核心理念是"自然为本"，在确保生态系统的完整的前提下，对交通系统进行统一、整体性的评估、规划、建设和管理，从而达到交通与环境、交通与资源等各方面的协调。[2]李晓燕和陈红（2006）提出生态交通是以生态学作为理论基础，考虑生态极限的约束和满足交通需求的前提下，最大限度地降低因交通系统建设和正常运行导致的环境污染和资源消耗。[3]张亚平、左玉辉（2006）认为城市生态交通是一种高效、和谐、可持续发展的交通，其目标是促进交通的通达、降低环境污染、合理高效利用资源，满足社会、经济和城市环境发展的要求。[4]许云飞（2007）提出除完成基本的交通功能之外，生态交通需要克服交通负的外部性，从而对周围生态环境产生正向作用。[5]王云玲和丁卫东（2008）认为生态交通是一种生态型复合交通系统，强调的是传统交通概念向生态化理念的转变，是生态学理论在交通系统规划设计中的应用，生态交通应该与生态城市融为一体，两者协调发展、和谐共生。[6]王汉新（2016）认为生态交通以人流和物流为核心，是人类生态和经济生态的融合。[7]

根据相关研究理论，生态交通可以从两个方面进行理解。首先，生态交通需要满足传统交通的基本要求，实现车与路、车与人的物理通达；其次，生态交通是以生态学作为理论基础，强调以人和物的交互作用为核心，以可持续发展为基本理念，谋求车、路、能源等要素与人、自然和经济的协调发展，通过绿色出行实现经济社会与自然环境和谐发展。生态交通从理论和观念上对城市交通建设思路进行更新，将自然环境与社会经济发展紧密结合，是未来交通建设的发展趋势，也是必然需求。

随着生态理念的不断发展，生态城市成为未来城市发展的理想模式，其思想起源于霍华德（Howard）的田园城市理论，美国学者雷吉斯特（Register）最早提出生态城市的概念。[7]生态城市的定义是："从自然生态和社会心理两方面去创造一种能充分融合技术和自然的人类活动的最优环境，诱发人的创造性和生产力，提供高水平的物质和生活方式。"[8]生态城市表明人们开始注重居住环境体验与居住质量，生态城市的建设强调人、自然、社会系统化和生态化发展，交通建设作为生态城市系统的重要组成部分，其发展必然与城市发展方向一致，即向生态化方向演化。

## 二、生态交通系统的发展目标

生态交通以交通与自然、社会的关系为基础，强调在追求交通通达和经济发展的同时，要注重交通与自然环境之间的相互融合、和谐稳定。随着交通系统的发展和交通网络覆盖面积不断增加，其生态影响范围日益扩大，生态交通成为众多学者的研究对象。刘文良、陈芸（2016）提出生态交通系统建设的三个目标,即环境约束、以人为本和整体效率最大化。[9]

## (一) 环境约束

交通与自然环境息息相关,交通建设和运行会对自然环境带来负面影响,会占用土地资源、侵蚀土壤、影响路域温度产生城市热岛效应、制造噪声和灰尘以及各种排放污染物等。道路建设也影响其他生物的生存环境,破坏自然界生态系统的平衡状态。自然资源的有限性决定交通系统不能无节制发展,满足环境约束条件是交通系统正常运转的基础。因此交通建设必须被约束在生态环境的最大承受能力之内,一个城市的交通能够正常运转的前提是自然环境系统的有效供给。将城市交通运行伴随的土地资源占用、能源损耗、环境污染等众多消极影响最小化,满足环境约束要求,降低对自然系统的破坏。

## (二) 以人为本

为人服务是交通系统的核心。交通运输包括客运和货运两类,客运的主体是人,因此要充分考虑人的便利性、经济性、舒适性和安全性等,提高客运主体出行满意度。货运的主体虽然是物,但是本质上是满足人的生活或者工作需求,也是为人服务,因此也需要以人为本。生态交通强调在交通建设过程中,大到交通系统规划、交通路线安排,小到交通工具研发以及交通费用制定,都应充分考虑人的需求等,不仅需要考虑交通本身工具的安全性,还需要将交通运行带来的气体污染、噪声污染等对居民的安全影响纳入考虑范畴。以人为本是生态交通的终极目标,也是其最基本的要求。

## (三) 整体效率最大化

生态交通是一种具有较高生态化水平的交通模式,不仅追求交通效率的提高,更注重能源的节约和环保。生态交通的核心目标是交通系统总体效率最大化,是交通效率、经济效率和生态效率的有效结合。

交通效率是衡量交通系统建设状况的直接指标,交通效率需要通过交通资源投入量、交通管理水平、交通需求满足程度等方面共同评价,不仅包括人员、车辆的利用率，也包括基础设施的利用率等。一般来说，城市交通效率越高，说明该城市的交通规划越合理。良好的交通系统建设和交通运输效率可以有效推进区域经济的发展，通过提高交通运输效率促进城市内部、城市与城市、地区与地区的人才、资金、信息等资源流通，有利于区域协调发展，从而促进产业发展和经济进步。生态效率要求交通方式和建设的低污染性、环境友好性，重视交通能源的可持续利用和对城市生态环境的保护。生态交通强调在满足经济发展和社会交通需求的同时，减少土地占用、能源消耗和有害气体排放，最大限度地降低环境污染程度。盲目地追求交通效率和经济发展会导致交通环境污染严重、降低交通资源利用率，生态交通在交通建设过程中考虑环境因素，通过科学规划、全面统筹，提高交通系统的整体效率。

## 第二节 京津冀交通发展现状

### 一、京津冀区域基本情况

京津冀区域濒临渤海，背靠太岳，携揽"三北"，由北京市、天津市以及河北省内石家庄、承德、张家口、秦皇岛、唐山、廊坊、保定、沧州、衡水、邢台、邯郸等11个地级市共同组成，陆地面积总计约21.7万平方公里，其中北京市面积1.641万平方千米，天津市1.1947万平方千米，河北省总面积18.88万平方千米。从区域整体发展条件来看，京津冀地区在中国的经济版图中占据至关重要的位置，与珠三角和长三角拥有相当的经济实力，是推动中国经济发展、体现国家竞争力的重点区域。[10]京津冀区域在快速发展的同时，也面临着许多问题，包括经济发展不均衡、产业结构不合理、环境问题严重等。从区域内部城市发展来看，京津冀区域城市有各自发展特征，主要可以从人口、地域面积、经济等方面思考。

人口方面。京津冀区域的人口集中于北京、天津、石家庄、保定四个城市，主要集中于北京市和天津市，土地面积较大的为河北省的承德市、张家口市和保定市，由此可见，土地面积与人口数目并非呈正比关系，面积较小的北京市和天津市拥有较多人口，主要是由于两地发达的经济水平吸引众多外地人口，尤其是作为首都的北京市。北京作为国家政治中心、文化中心、国际交往中心和科技创新中心，拥有国内最先进、最丰厚的资源条件，吸引大量人口集聚，密集的人口为首都带来巨大压力，造成北京交通拥堵等负面现象频繁，不利于北京长期发展。图3-1、图3-2分别为2014—2018年京津冀区域13个城市的常住人口分布情况以及京津冀区域13个城市的土地面积情况。

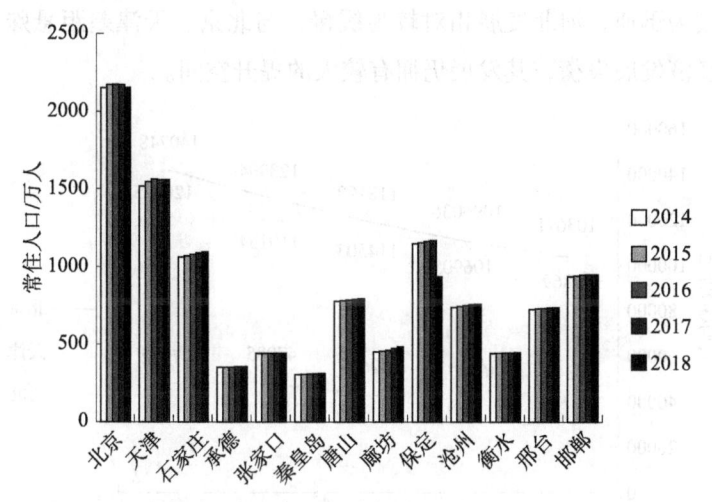

**图3-1 2014—2018年京津冀区域13个城市常住人口分布**

资料来源：北京、天津、河北统计局数据。

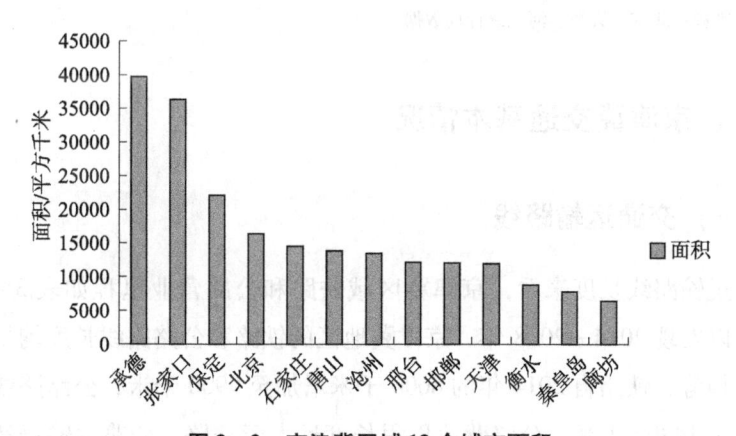

**图3-2 京津冀区域13个城市面积**

资料来源：北京、天津、河北统计局数据。

经济方面。京津冀地区经济整体而言较为发达，在全国范围属于领先水平，但是区域内部的北京、天津呈核心断层局面，与周边地区的发展水平反差较大。如图3-3所示为2014—2018年北京市、天津市以及河北省的人均生产总值，可以发现，北京市人均生产总值总体略高于天津，接近河北省人均生产总值3倍。北京作为国家首都，集聚大量资源、人才和先进科学技术，在京津冀区域发展中处于核心引领地位，天津在北京的带动下发展较为迅速，河北发展相对较为缓慢，与北京、天津差距悬殊。京津冀区域经济发展失衡，其发展仍拥有较大的提升空间。

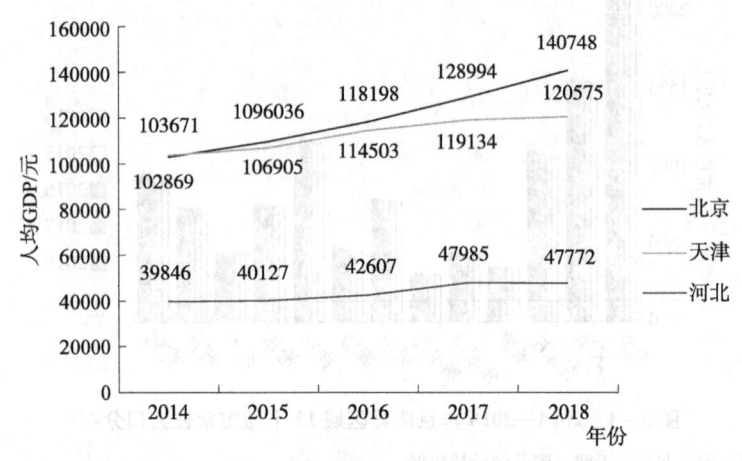

图3-3 2014—2018年京津冀区域地区人均GDP

资料来源：北京、天津、河北统计局数据。

## 二、京津冀交通基本情况

### （一）交通运输路线

从运输路线长度来看，京津冀区域铁路和公路营业里程如表3-1所示，可以发现2014—2018年，京津冀地区的铁路和公路路线长度均呈现持续增加趋势，铁路自2014年的8600千米增加至9900千米，公路路线长度也增加了14800千米。公路营业里程长度远大于铁路，公路运输仍然是最普遍的交通方式。

表 3-1 京津冀区域运输路线长度　　　　单位：千米

| 里程 | 2014 年 | 2015 年 | 2016 年 | 2017 年 | 2018 年 |
|---|---|---|---|---|---|
| 铁路 | 8600 | 9300 | 9400 | 9600 | 9900 |
| 公路 | 217100 | 223100 | 227200 | 230400 | 231900 |

资料来源：由北京、天津、河北统计局数据整理。

## （二）交通运输行业

近年来，京津冀区域交通运输行业发展较好，货物运输量总体稳定增长，如表 3-2 所示，2014—2018 年，京津冀区域货运总量增长 12.5%，从 2014 年的 291773 万吨增加到 2018 年的 328350 万吨。还可以发现，北京的货运量有所减少，河北和天津的货运量都在增加，京津冀交通一体化有利于缓解北京非首都功能。京津冀区域 2018 年客运总量 135217 万人，相对 2014 年下降 17245 万人，北京、天津和河北三地的客运总量均有所下降，具体数据见表 3-3。

表 3-2　2014—2018 年京津冀区域货运量　　　　单位：万吨

| 货运量 | 2014 年 | 2015 年 | 2016 年 | 2017 年 | 2018 年 |
|---|---|---|---|---|---|
| 北京 | 29521 | 23266 | 24136 | 23912 | 25272 |
| 天津 | 50947 | 50006 | 51580 | 52992 | 53378 |
| 河北 | 211305 | 199192 | 210994 | 229211 | 249700 |
| 京津冀 | 291773 | 272464 | 286710 | 306115 | 328350 |

表 3-3　2014—2018 年京津冀区域客运量　　　　单位：万人

| 客运量 | 2014 年 | 2015 年 | 2016 年 | 2017 年 | 2018 年 |
|---|---|---|---|---|---|
| 北京 | 71715 | 69924 | 69292 | 67420 | 67571 |
| 天津 | 19683 | 19847 | 20022 | 19303 | 19450 |
| 河北 | 61064 | 53632 | 51176 | 50688 | 48196 |
| 京津冀 | 152462 | 143403 | 140490 | 137411 | 135217 |

资料来源：由北京、天津、河北统计局数据整理。

## （三）交通运输结构

从京津冀区域客货运输结构来看，京津冀区域交通运输方式种类较全面，基本形成了涵盖铁路、公路、航空、水运等多种方式的综合交通运输体系，客运方式主要是铁路、公路、水路和航空四种，货运方式主要包括铁路、公路、水路、航空以及管道。

图 3-4 为 2014—2018 年京津冀区域客运结构，可以发现，主要的客运方式一直是公路运输，其次是铁路运输，近年来公路运输所占比例有所下降，铁路运输所占比例上升，但总体而言公路运输仍然远远高于铁路运输，航空运输占比最小。京津冀区域的货物运输结构与客运结构相似，仍以公路和铁路为主，按占比由高到低依次是公路、铁路、水运、管道，如图 3-5 所示。

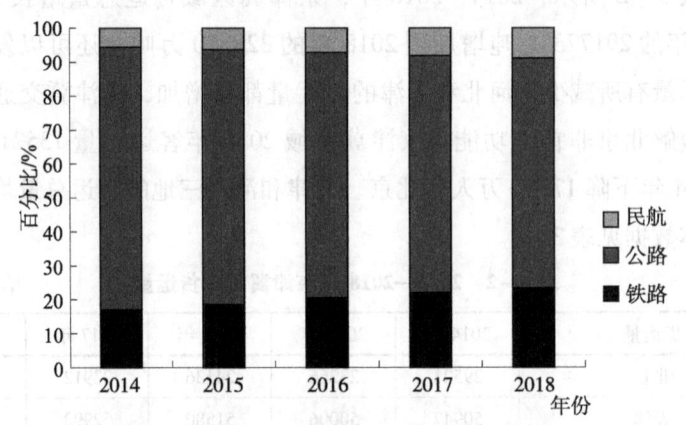

图 3-4  2014—2018 年京津冀区域客运结构

资料来源：由北京、天津、河北统计局数据整理。

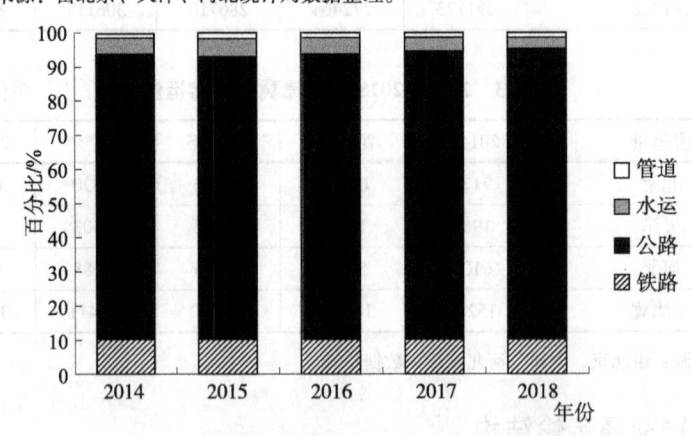

图 3-5  2014—2018 年京津冀区域货运结构

资料来源：由北京、天津、河北统计局数据整理。

## 第三节 京津冀区域生态交通发展

### 一、京津冀区域协同发展

京津冀地区作为我国北方最发达的经济区和最大的产业密集区，占据优越的地理位置，拥有良好的经济基础和先进的科技水平，是 21 世纪我国最重要的区域经济发展地区之一，也是中国经济发展的重要引擎。但是由于行政区划、地理阻碍和部门建设等原因，当前京津冀区域的协调发展存在许多亟待解决的问题，诸如经济发展不均衡、产业结构不合理、交通发展不均衡、资源分配不合理、环境问题严峻等。京津冀一体化协同发展战略最早来自 1982 年《北京城市建设总体规划方案》中提出的双重"首都圈"思想，随着 2015 年颁布《京津冀协同发展规划纲要》，京津冀协同发展的规划开始落实。

#### （一）资源共享

北京市、天津市和河北省均属于国内较为发达的省市，各有其不同的发展优势。北京是国家的国家政治中心、文化中心、国际交往中心以及科技创新中心，在政治、文化、科技、信息、金融和人才等领域具有其他地区不可比拟的优势，其作为政治中心和国际交往中心可以为北京带来更多的国际政治与经济交往机会，促使区域发展走向国际化舞台，作为文化中心可以增强地区凝聚力、吸引人才，作为科技创新中心可以为地区发展提供先进的技术支撑。北京丰厚的资源条件，对天津市和河北省各类产业的发展至关重要。

天津市是我国大型工商业城市，第二产业发达，尤其是工、商、科、贸较为发达，具有国内一流的工业加工能力。同时，天津是环渤海地区经济中心，拥有国际化港口，优越的区位优势使天津成为外资、内资争相投资的重要地区。天津的滨海新区位于京津冀发展轴线和环渤海发展带的交会点，近年来，滨海新区的大规模开发开放和快速发展大大拉动天津市的经济发展，天津已经成为我国经济发展速度较快的地区。作为北京的海路枢纽，天津对北京发展至关重要，也可以带动河北全面发展。

河北省地域辽阔，环绕北京和天津二市，是中国唯一兼有高原、山地、丘陵、盆地、平原、草原和海滨的省份，自然资源丰富。河北省盛产煤、石油、天然气等矿产资源，具有丰富的农产品，水资源丰厚，一直是北京、天津居民生活和生产资料的重要来源地；河北省人口众多，可以为北京和天津输送人才，也有足够的地域面积和劳动力资源接纳京、津两市的产业转移。作为北京、天津的后花园，河北具有极其重要的作用。京津冀三地资源互补共享，可以提高各地资源利用率，促进地区间产业协调发展。

(二) 空间融合

空间布局是优化资源配置，实现协同发展的重要基础。空间融合需要将整个京津冀区域看作一个整体，区域规划与城市规划相结合，促进中心城市功能疏解并带动周边小城市发展，打破大城市过度集聚、小城市吸纳不足的空间格局。北京定位为"全国政治中心、文化中心、国际交往中心、科技创新中心"；天津定位为"全国先进制造研发基地、北方国际航运核心区、金融创新运营示范区、改革开放先行区"；河北省更是作为"全国现代商贸物流重要基地、产业转型升级试验区、新型城镇化与城乡统筹示范区、京津冀生态环境支撑区"。依据三省市现有基础和发展优势，三省定位各有特色，多点布局，有利于增强整体合力。

将空间布局从传统的双中心空间格局转向多中心、网络化、生态化的网络型空间格局。以"功能互补、区域联动、轴向集聚、节点支撑"为方向，建立"一核、双城、三轴、四区、多节点"的网络型空间布局。"一核"是指北京，"双城"是指北京和天津，"三轴"指的是京津、京保石、京唐秦三个产业发展带和城镇聚集轴，"四区"分别是中部核心功能区、东部滨海发展区、南部功能拓展区和西北部生态涵养区，"多节点"包括石家庄、唐山、保定、邯郸等区域性中心城市和张家口、承德、廊坊、秦皇岛、沧州、邢台、衡水等节点城市。[11]京津冀协同发展的首要任务是有序疏解北京非首都功能、优化提升首都核心功能、解决北京"大城市病"问题。北京和天津是带动京津冀发展的引擎，进一步强化京津联动，全方位拓展合作广度和深度，加快实现同城化发展，共同发挥高端引领和辐射带动作用。区分每个功能区的空间范围和发展重点，高效率地使用空间和资产，能提高城市综合承载能力和服务能力，有序推动产业和人口聚集。

### （三）产业结构互补

产业结构互补融合是京津冀协同发展的重要内容，京津冀产业结构发展遵循优势互补的原则，目的在于打破区域产业融合阻碍，促进区域产业互动，缓解北京市的非首都功能，朝着京津冀区域"高精尖"经济结构发展。[12]

北京市作为京津冀区域内部的创新中心，重点发展高端服务业，第三产业是推动北京经济发展的主要力量，近几年北京不断关闭经营状况一般的制造业企业，注重科技创新园区产业链发展，同时积极扩大北京创新能力对津、冀两地辐射范围，中关村企业在天津和河北两地所设分支机构已经超过6000家。

天津市正由传统的制造业向高端制造业和现代化服务业发展，在京津冀协同发展中发挥重要的纽带作用，天津与北京共同规划建设京津冀合作示范区，承接北京的非首都功能，同时通过天津滨海新区、中关村科技园、武清京津产业新城等产业集群发展促进天津在高新技术领域的发展。不断向河北延伸产业链，与河北签订战略合作协议，积极服务雄安新区的建设，带动整个区域产业发展。

河北省加工制造业发达，农业在京津冀区域也属于领先水平。在京津冀区域协调发展模式下，河北将产业向绿色、低碳转型升级，积极响应京津两地的产业转移，首都钢铁、北京现代等企业纷纷在河北落户，不仅可以促进北京、天津产业疏解调整，也为河北带来人才回流和优质资源，向河北注入新的发展动力，雄安新区的建设可以集中承接北京的非首都功能，拉动河北的发展。

### （四）共同保护生态环境

党的十九大明确提出要加快生态文明体制改革，推进生态文明建设。同时，日益突出的生态环境问题严重制约区域协调发展进程，保护生态环境是京津冀三地协调发展的必然选择，主要从环境保护和环境治理两个方面着手。

在环境保护方面，明确规定京津冀地区的生态保护红线、空气质量底线、环境质量底线和资源消耗上限。到 2020 年，京津冀地区 $PM_{2.5}$ 年均浓度控制在 64 微克/立方米左右；水环境质量底线，到 2020 年，京津冀地区地级及以上城市集中式饮用水水源水质全部达到或优于Ⅲ类，重要江河湖泊水功能区达标率达到 73%；资源消耗上限，2015—2020 年，京津冀地区能源消费总量增长速度显著低于全国平均增速，其中煤炭消费总量继续实现负增长，到 2020 年，京津冀地区用水总量控制在 296 亿立方米，地下水超采退减率达到 75% 以上。在环境治理方面，积极推进环境改善工程，取缔污染严重的生产项目，加快发展清洁能源，严格淘汰排放标准低于国家要求的老旧车辆，鼓励使用新能源汽车和绿色出行，引领社会向零排放和再生能源交通的转型。

## 二、京津冀交通一体化

交通运输是区域发展的先行领域，交通运输行业是经济增长和产业结构调整的纽带，对产业结构布局和区域社会经济统筹协调发展具有极其重要的作用。交通一体化是京津冀地区协同发展的重要抓手，在京津冀协同发展战略的实施过程中，交通运输起着基础性、先导性作用，实现交通一体化更是京津冀协同发展的重要保障。2014 年 2 月，习近平总书记就京津冀协同发展提出"要着力构建现代化交通网络系统，把交通一体化作为先行领域，加快构建快速、便捷、高效、安全、大容量、低成本的互联互通综合交通网络"[12]。2015 年颁布的《京津冀协同发展交通一体化规划》明确指出京津冀交通一体化的建设方向，即以现有道路格局为基础，着眼于打造区域城镇发展主轴，促进城市间互联互通，推进"单中心放射状"通道格局向"四纵四横一环"网络化格局转变，扎实推进京津冀地区交通的网络化布局、智能化管理和一体化服务。[13]

京津冀交通一体化建设主要包括公路网建设、铁路建设、港口群建设和机场群建设四个方面，目前京津冀地区基本形成铁路、公路、港口和航空等多种运输方式交融的综合交通运输体系，基础道路设施建设完善，处于全国领先水平，不仅可以提高京津冀区域的经济发展水平，还能起到保障首都稳定高速发展，加快京津冀区域一体化发展进程的作用。[14]

公路建设。京津冀区域公路依靠北京大外环即首都地区环线高速公路通道和京承通道、京张通道、京泰通道、京石通道、京廊沧通道、京衡通道形成"一环六射"京冀大通道，具体包括一般国、省干线280多条和高速公路35条，基本实现京津冀公路网全面对接，京津冀区域内部城市之间、城市群内部、城市群与其他地区之间的联系变得更为紧密，交流日益频繁。

铁路建设。京津冀地区铁路网建设以北京为中心，京哈高铁、京广高铁、京津城际铁路和京沪高铁为骨架，呈现触角伸展态势。铁路网包括三个层级，分别为：普通铁路（一般铁路）、城际快速客运系统（城际铁路）和全国性快速客运通道（高速铁路）三个层级，并且除京九沿线的承德、张家口和衡水部分地区外，京广与京沪沿线的地级城市全部实现高铁通车。[15]京津冀区域的主要铁路线路如表3-4所示。随着北京地铁路线不断延伸建设，京津冀三地客运1小时交通圈构建完成，以北京为中心的半小时通勤圈逐渐扩大，实现城际轨道交通和道路客运的公交化、一体化运营。

表3-4 京津冀区域主要铁路线路　　　　　　　　（千米）

| 铁路 | 线路总长度 | 京津冀区域线路长度 |
| --- | --- | --- |
| 京哈高铁 | 1700 | 290 |
| 京广高铁 | 2260 | 484 |
| 京沪高铁 | 1318 | 301 |
| 京沈铁路 | 697 | 290 |
| 京广铁路石武段 | 840 | 203 |
| 京广铁路京石段 | 281 | 281 |
| 京津城际铁路 | 119 | 119 |
| 津秦城际 | 257 | 257 |

资料来源：张晶洁. 京津冀交通一体化对区域经济协同发展的影响［J］. 合作经济与科技，2019（7）：38-39.

港口建设。京津冀地区拥有优越的港口资源，包含天津港、秦皇岛港、黄骅港和唐山港四大港口在内的"环渤海"沿海港群，属于我国规模最大的港群之一，以我国北方地区最大的综合性枢纽港口天津港为中心，成为我国北方区域与世界接轨的海上通道与主要窗口。2019年天津港货物吞吐量高达49220万吨，同比增加4.1%，旅客吞吐量83万人次，同比增加9.2%；秦皇岛港地理位置优越，是我国北方著名的天然不冻港，海岸曲折、海域深阔，万吨货轮可自由出入，以煤炭运输为主，是我国"北煤南运"大通道的重要枢纽港，担负着我国南方"八省一市"的煤炭供应；黄骅港是河北省地区性的重要港口；唐山港包括曹妃甸港和京唐港，对北方的煤炭运输起到重要作用。

机场建设。目前，京津冀地区的机场群基本成形，包括现有北京首都机场、北京大兴机场、天津滨海机场、石家庄正定机场、秦皇岛机场、邯郸机场、张家口机场、唐山机场和承德机场等10个民用机场或军民合用机场。2016年，全国航空旅客吞吐量首次突破10亿人次，仅北京地区（包括首都机场和南苑机场）便占全国旅客吞吐量的十分之一，其中首都机场年旅客吞吐量达9385万人次，位居世界第二。北京大兴国际机场从2014年开工建设到2019年完成，占地面积140万平方米，地处京津冀区域的中心，是20年内全球范围规划新建设的最大机场之一。京津冀机场群的总体运营规模也较大，2018年，全国旅客吞吐量超过12亿人次，完成126468.9万人次，其中京津冀区域旅客吞吐量达14499.6万人次，占全国11.5%。

京津冀交通一体化的建设目标就是通过协调京津冀各地资源，包括土地资源、基础设施、资金、人才以及信息资源等，使京津冀地区协调统一、互联互通，从而共同发展，加强区域内城市间功能转换和缓解交通压力。

**参考文献**

[1] 王如松. 以五个统筹力度综合规划首都生态交通 [J]. 中国特色社会主义研究, 2004, 32 (4)：32 - 34.

[2] 项贻强, 王福建, 朱兴一. 生态交通的理念及策略研究 [J]. 华东公路, 2005, 125 (4)：83 - 87.

[3] 李晓燕,陈红.城市生态交通规划的理论框架[J].长安大学学报(自然科学版),2006,26(1):79-82.

[4] 张亚平,左玉辉.我国城市生态交通规划研究[J].生态经济,2006,14(2):304-306.

[5] 许云飞.生态交通建设[J].科学决策,2007,14(11):27-28.

[6] 王云玲,丁卫东.生态城市交通规划新理念[J].交通标准化,2008,180(8):217-221.

[7] 王汉新.城市生态交通系统理论与实现途径[J].科学管理研究,2016,36(1):246-251.

[8] 杨彤,王能民,朱幼林.生态城市的内涵及其研究进展[J].经济管理,2006,398(14):90-96.

[9] 刘文良,陈芸.我国城市生态交通规划的思考与建议[J].城市规划,2016,32(2):46-49.

[10] 孙明正,余柳,郭继孚,等.京津冀交通一体化发展问题与对策研究[J].城市交通,2014,14(3):61-66.

[11] 徐培彬.区域协调发展新理念视阈下的京津冀协调发展研究[D].重庆:西南政法大学,2018.

[12] 杜彦良,高阳,孙宝臣.关于京津冀交通一体化建设的几点思考[J].北京交通大学学报,2018,42(1):1-6.

[13] 韩兆柱,董震.基于整体性治理的京津冀交通一体化研究[J].河北大学学报(哲学社会科学版),2019,44(1):90-96.

[14] 卢同,孙钰.推进京津冀交通一体化建设的策略研究[J].城市,2019,44(8):19-24.

[15] 张晶洁.京津冀交通一体化对区域经济协同发展的影响[J].合作经济与科技,2019(7):38-39.

# 第四章　生态位的京津冀区域商务发展

## 第一节　基于商业生态系统的商业模式创新研究

随着经济全球化及社会网络化的迅速发展,社会经济运行趋向动态不确定性,竞争方式趋向多样复杂化,企业之间的协作进一步升级,企业之间的竞争会逐渐演化为生态系统的竞争,商业模式竞争也将表现为生态系统的竞争。所以,研究商业生态系统视角下的商业模式创新具有很重要的意义和价值。

### 一、商业生态系统

商业生态系统来源于生态系统,所以商业生态系统的概念是从生态系统概念延伸而来的。生态系统是生态学上的一个主要结构和功能单位,属于生态学研究的最高层次。生态系统是指在一定的时间空间内生物及其非生物环境通过物质循环和能量流动相互作用与相互依存而构成的具有动态性及自我调节能力的统一整体。

商业生态系统一般包括消费者、生产者、竞争者以及其他的风险承担者。商业生态系统主要由供应链系统、支持环境系统、宏观环境系统和竞争系统组成。供应链系统主要包括供应商、核心企业、中间商和顾客,支持环境系统主要包括投资者、资产所有者、行业商会协会,宏观环境系统主要包括政府、社会、环境,竞争系统主要包括竞争对手和潜在竞争对手,如图4-1所示。商业生态系统主要由核心企业、扩展企业、相关社会组织及其他成员构成,在商业生态系统中,核心企业生产制造对顾客有价值的产品与服务,供应商、顾客、其他生产者、竞争者和其他风险承担者等组成成员是商业生态系统的参与者及获益者。在商业生态系统中，核心企业起领导作用，它的战略制约着整个商业生态系统的发展方向。[1,2]

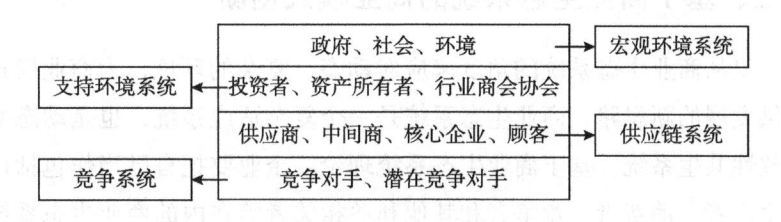

图 4-1 商业生态系统结构

## 二、商业模式创新

商业模式创新是指企业价值创造基本逻辑的变化，即把新的商业模式引入社会的生产体系，并为客户和自身创造价值。通俗地讲，商业模式创新就是指企业以新的有效方式赚钱。新引入的商业模式，或者在构成要素方面不同于现有商业模式，或者在要素间关系、动力机制等方面不同于现有商业模式。[3]创新是商业模式的本质，商业模式创新是技术创新、产品创新和组织创新之后的一种新的创新形式。[4]目前，商业模式研究者对商业模式创新仍存有一定局限的认识，经常忽略"商业模式创新"中的"创新"，从而混淆了"商业模式"和"商业模式创新"，其实，商业模式创新是一种以商业创新为特征的创新行为。

创新是商业模式创新的关键，也是商业模式创新的核心。本质上说，商业模式创新是企业对模式的再设计和再创造，在模式创新中，需要对行业中的现有模式进行分析并加以改进，寻找新的模式，是认知发展的过程，其核心是发现和寻求新的模式创新。商业模式创新不是企业运营改良及优化，而是发掘出新的需求，创造出新的消费群体和新的盈利模式，用全新的方法来进行企业经营，开发出新的产品，提供新的服务给客户，或者用新的方式来完成企业运作。商业模式创新主要可以通过企业内外部资源的重新配置来获得竞争优势；可以利用竞争对手的弱势，充分发挥企业自身的优势，为企业定价和成本构成奠定竞争优势；可以通过不断发现问题、分析问题和解决问题，实现企业持续的更新和发展，进行企业的产品设计和生产运作；也可以通过能为消费者带来最大利益的产品创新来实现商业模式创新。

## 三、基于商业生态系统的商业模式创新

这里从商业生态系统的角度来应对动态、复杂的环境，为商业模式创新提供发展的新思路。商业生态系统是一个复杂适应系统，也是动态变化的开放性共生系统。基于商业生态系统理论，企业要把自己当作包括供应商、生产者、消费者、竞争者和其他利益相关者等在内的商业生态系统的组织。[5]在商业生态系统中，企业技术创新不仅依赖企业内部的创新能力和创新资源，而且更多依赖于企业外部的相关资源，如供应商、竞争者、消费者、研发机构以及相关利益群体等。企业在进行技术创新和商业模式创新的过程中，与合作伙伴、竞争对手以及消费者等之间相互作用和相互影响，参与者与企业构成了企业生态系统。特定商业生态系统中的企业正是通过构建自己的企业生态系统而进行技术创新与商业模式创新，并获得创新收益，从而实现商业生态系统中利益相关者的互惠共赢。

### （一）基于环境系统的商业模式创新

商业模式通俗来说就是企业赚钱的有效方式，商业模式创新就是企业赚钱的新的有效方式，也就是企业盈利模式的创新。而商业生态系统的环境不仅包括社会及自然环境的宏观环境系统，还包括与商业模式相关的企业的投资者、资产所有者及行业商会协会等支持环境系统。商业生态环境创新是指企业将其周围的环境看作一个整体，营造出一个可持续发展的共赢的商业环境。商业生态环境创新主要是围绕企业合作伙伴的创新，主要包括供应商、消费者、市场媒介及竞争对手。市场在不断变化，消费者的需求也在不断变化，所以一个企业无法完成这一任务，需要通过企业联盟及合作共赢来完成。企业战略及内部资源能力是企业建立商业生态环境的基础，可持续发展的共赢的商业环境可以为企业未来发展及运营能力提供保证。[6,7]

这里借鉴 PEST 宏观环境分析法，英国学者格里·约翰逊（Gerry Johnson）和凯万·斯科尔斯（Kevan Scholes）于 1998 年提出分别从政治因素（politics）、经济因素（economy）、社会文化因素（society）和技术因素

(technology) 来分析外部环境，结合商业生态系统的结构，不仅包括宏观环境系统，还包括由投资者、资产所有者、行业商会协会构成的支持环境系统，通过加强其相互协作，充分开发核心企业的竞争能力，执行其应有的社会责任，促进其不断创新及可持续发展。政府、社会、企业三者合力的有效互动，在政府合理政策的大力引导下，优化社会及自然的宏观环境系统，完善企业相关的支持环境系统，通过企业的战略选择、产品创新、市场开发及品牌战略等，寻求更好的新的盈利模式，通过商业模式创新，企业达到最大的盈利。如图 4-2 所示。

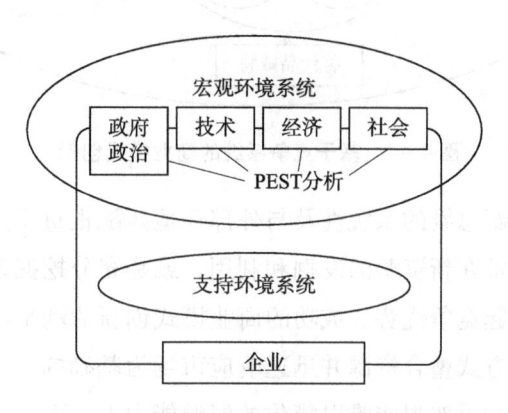

图 4-2 基于环境系统的商业模式创新

## （二）基于竞争系统的商业模式创新

基于商业生态系统结构中的竞争系统，结合 SWOT 分析法与波特五力竞争模型对核心企业进行商业模式创新。波特五力竞争模型由米歇尔·波特（Michael Porter）于 20 世纪 80 年代初提出，它认为行业中存在决定竞争规模和程度的五种力量，分别是潜在进入者威胁、替代品威胁、供应商讨价还价能力、购买者讨价还价能力和行业内现有竞争者之间的竞争，这五种力量综合起来影响着产业的吸引力。SWOT 分析法，即态势分析法或优劣势分析法，用来确定企业自身的竞争优势（strength）、竞争劣势（weakness）、机会（opportunity）和威胁（threat），从而将企业的战略与企业内部资源、外部环境有机地结合起来。通过对内部资源的优势、劣势和外部环境的机会、威胁进行分析，可以充分利用企业内部资源优势、回避劣势，逐步把企业外部环境的威胁变为机会，进行商业模式创新，有利于企业盈利。如图4-3所示。

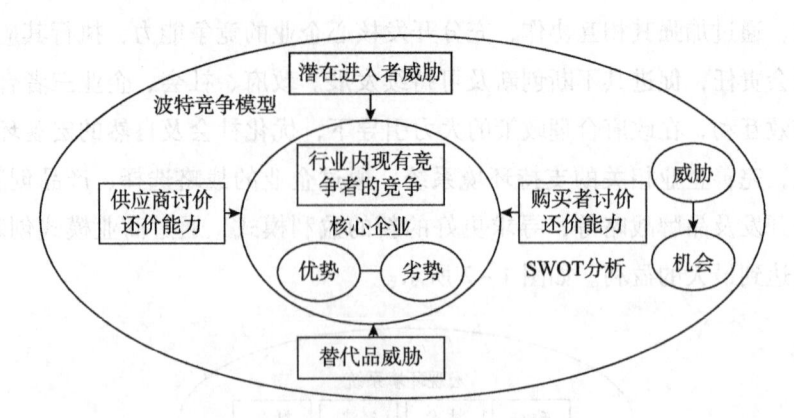

**图4-3 基于竞争系统的商业模式创新**

商业模式创新思维的系统性及与外部环境匹配很重要。基于资源能力的商业模式创新重在新资源的发掘和利用，或是充分挖掘现有资源的潜在价值，从而建立起竞争优势。成功的商业模式创新活动是以准确把握市场机会、以创新的方式整合资源并迅速响应市场为基础的。这种商业模式创新的重点在竞争对手忽视或难以模仿的资源能力上，而不是在外部环境的分析和行业选择上。商业模式的创新使企业获得资源能力配置的异质性，由此决定了其获得高额利润回报的可能性。

### （三）基于供应链系统的商业模式创新

商业生态系统结构的核心供应链系统与波特五力竞争模型有着密切关联，分析如图4-4所示。供应链创新是改变生产和运输产品价值的方式，主要通过改进与合作伙伴的关系及运营整合来实现。商业模式创新的本质是为了创造更多价值，可以通过优化配置内外部资源获得。通过内部价值链的分析，引导内部资源的重新配置；通过对供应链的分析，可以深入了解企业的外部资源，促进供应链各个成员和各种资源之间的相互联系，形成紧密相连的价值网络。可以优化配置网络内的资源，使企业可以有效适应外部动态环境的变化，为企业商业模式持续创新提供保障。价值链定位决定着价值创造，只有掌握了对于创造价值有重大贡献的关键流程与资源，企业才能分享价值链中的主要利润。供应链体系创新的实质是优化配置企业的内外部资源，形成整个供应链协同创新，保障企业在变化的市场环境中动态发展。也可优化供应链资源，提高供应链应对市场变化的灵活性。这种创新是以消费者需求为中心，简化供应链环节，改善企业与供应链上各成员之间的关系，建立关键环节的联盟协作关系，在保障供应链稳定的同时，又能根据市场变化而进行迅速调整。[8]企业可以通过建立联盟，打造核心竞争力，在强化供应链管理的基础上实施外包战略使企业可以专注于核心竞争力，同时扩大企业的支配资源，提高企业的核心能力，进而可以进一步挖掘企业核心能力要素的价值潜力，最大限度地提高企业盈利。

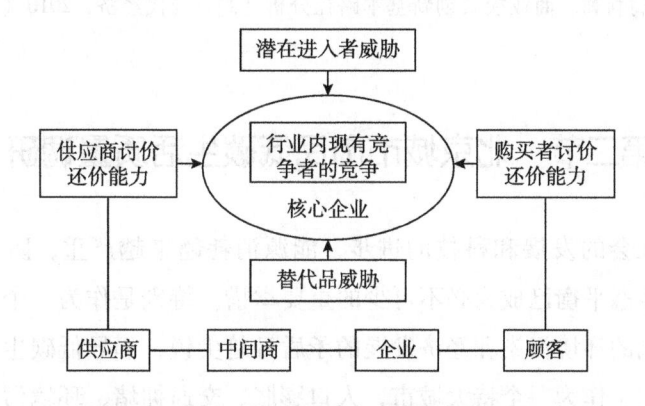

图4-4　核心供应链系统与波特竞争模型关联

商业模式创新是企业的内外部环境、资源、能力等因素为一体的复杂的动态过程，是一个知识创造和积累的过程，可以有效防止竞争对手的模仿。通过资源的重新配置，把同质性资源输入转化为异质性资源输出，可以有效提高企业的核心竞争能力。以创新的方式整合资源可以使企业获得较低的成本或较好的差异化，从而使企业获得最大的利润，实现可持续的共赢发展，达到经济、社会、环境的和谐发展。

**参考文献**

[1] 潘剑英，王重鸣. 商业生态系统理论模型回顾与研究展望[J]. 外国经济与管理，2012，34（9）：51-58.

[2] 李强,揭筱纹. 基于商业生态系统的企业战略新模型研究 [J]. 管理学报, 2012, 9 (2): 233-237.

[3] 冯虹,王卓. 现代流通企业商业模式研究 [M]. 北京:中国商业出版社, 2011.

[4] 谭卫东. 论商业模式创新 [J]. 管理学家, 2013 (4): 18-28.

[5] MOORE J F. The death of competition: leadership & strategy in the age of business ecosystems [M]. New York: Harper Business, 1996.

[6] RAPPA M A. The utility business model and the future of computing services [J]. IBM Systems Journal, 2004.

[7] Osterwalder, A. The business model ontology: A proposition in a design science approach [D]. University of Lausanne, 2004.

[8] 李椿,高莉莉. 商业模式创新基本路径分析 [J]. 当代经济, 2010 (12): 46-47.

## 第二节　北京城市市民低碳生活质量调研

随着社会的发展和科技的进步,能源消耗越来越严重,防止环境污染,维持生态平衡已成为必不可少的重要举措。特别是作为一个能源消耗大国,我国的环境污染和经济发展的矛盾日趋尖锐,倡导低碳生活已经刻不容缓。北京作为一个特大城市,人口膨胀、交通拥堵、环境污染等问题突出,研究和倡导北京市民低碳生活,减少环境污染,加强生态文明建设有着很重要的意义。

### 一、市民低碳生活的体现

市民低碳生活的途径主要是从节电、节气、节能和回收等环节来改变生活细节。低碳生活的实现需要转变经济发展模式和人们的生活方式,构建绿色健康的社会机制,改变人们传统的衣食住行等日常行为。低碳生活是一种新的生活方式,如今这种生活方式已经走进中国,但是还有很多人不了解低碳生活的意义和各种低碳生活的方式。低碳生活是一种态度、一种觉悟,要从现实中的衣食住行、日常起居的点滴细节做起,注意节电、节水、节油、节气、节能等,养成良好的生活习惯。

## (一) 家用电器的使用

在平时使用家用电器时,只要我们稍加注意就可以节电节能并减少碳排放。如在使用冰箱时,冰箱内的食物存放量最好在80%左右,其他量多或者量少的都费电。在使用空调时,夏天可以将温度稍微调高几度,冬天可以温度稍微调低一点点。数据统计表明,夏天只要把空调调高一度,每年全国能节省33亿度电。在使用洗衣机时,强档其实比弱档省电,且可延长洗衣机的寿命。在用微波炉时,为减少解冻食物时开关微波炉的次数,可预先将食品从冰箱冷冻室移入冷藏室。在使用电脑,短时间不用时,启用电脑的睡眠模式,能耗可下降到60%以下。在使用燃气时,用大火比用小火烹调时间短,可以减少热量散失。在开汽车时,尽量避免突然变速,选择合适挡位避免低挡跑高速等。[1]

## (二) 平时生活工作中

平时生活中的细节稍加注意也可以做到低碳,每年人均排放二氧化碳约4.6吨。如用过的面膜纸可以用来擦家具、擦皮鞋等。过期的牛奶或酸奶,可以用来洗脸、洗手。衣服洗净后,挂在晾衣绳上自然晾干,可以节电节能和减少二氧化碳排放量。超市购物要尽量使用布袋或纸袋,并建议循环使用。出行尽量选择步行、公共交通工具,或骑自行车或电动车。生活中的垃圾要尽量分类分装入箱,分为可回收垃圾和不可回收垃圾。平时要养成随手关掉电源、关电灯、关燃气的习惯,尽量一水多用。提倡可循环使用的产品,尽量少用一次性物品等。平时工作中,尽量多用电子邮件、微信、飞信、QQ等通信工具,尽量选择网上交易,可以减少出行,减少二氧化碳排放(见表4-1)。

表4-1 市民低碳生活的体现

| 方面 | 体现 ||
|---|---|---|
| 家用电器的使用 | 冰箱、空调、洗衣机、微波炉、电脑 ||
| 平时生活工作中 | 生活中 | 用过的面膜和过期牛奶或酸奶再利用、衣服自然晾干、使用布袋或纸袋、绿色出行、生活垃圾分类、多使用可循环产品 |
|  | 工作中 | 电邮、微信、QQ、网上交易等 |

## 二、北京市民低碳生活现状分析

### (一) 调查问卷发放回收情况

针对北京市民低碳生活情况,我们设计了低碳生活调研问卷,深入首都农村、街道、社区、企业等基层一线发放100份问卷,对人们的低碳理念和低碳生活情况进行调研,对市民平时家用电器的使用情况、出行所用的交通工具、对资源循环利用等情况进行调研。收集有效调研问卷98份,对有效问卷用excel透视表进行整理汇总和数据统计分析,对数据统计结果进一步分析,根据分析结果提出相应的建议和对策。

调查问卷发放回收对象,年龄在18岁以下(不含18岁)的占8.9%,年龄在18—35岁的占37.2%,年龄在36—60岁的占34.1%,年龄在60岁以上(不含60岁)的为19.8%,如图4-5所示。

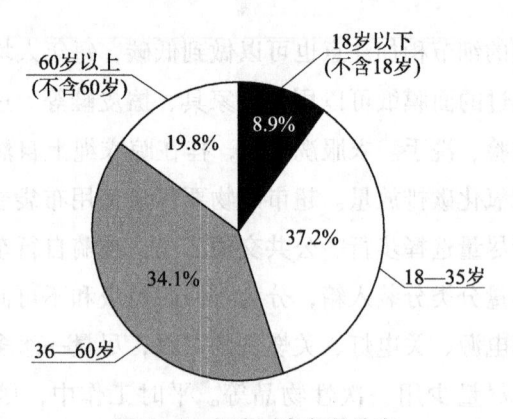

图4-5 问卷对象年龄分布

### (二) 市民的低碳意识不足

在低碳意识与心理上,大约93.2%的北京市居民或者听说过或者不同程度地了解"低碳生活"这一概念,6.8%的北京市居民表示不了解"低碳生活"这一概念;81.3%的北京市居民在生活中"考虑过,也尽量做到了节能环保",18.7%的北京市居民表示"考虑过,但很难做到节能环保"。61.1%的北京市居民认为实现低碳生活的关键主要在个人生活习惯的更改，16.3%的北京市居民强调依托法律法规的约束才能很快见成效，而从长远来看，12.3%的北京市居民认为政府政策的引导是发展好北京市低碳生活的关键，4.1%的北京市居民认为大众媒体教育也很重要，6.2%的北京市居民认为科学技术的提高是关键，如图4-6所示。

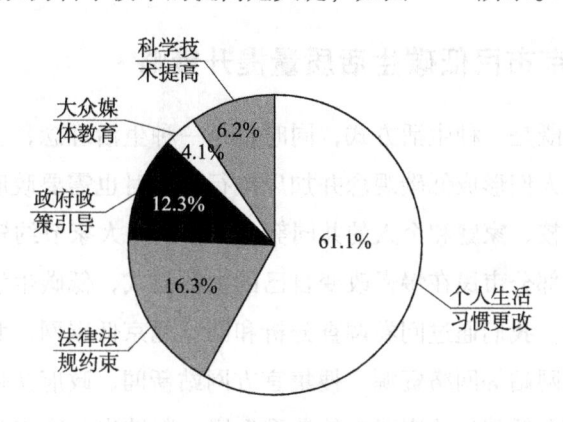

图4-6 实现低碳生活的关键

## （三）市民的低碳行为不够

在节能方面，购买环保节能型电器被视作发展低碳生活的重要消费行为，受传统消费观念影响，人们在选择电器时容易倾向价格较为便宜的普通电器，69.1%的北京市居民表示能够"总是购买环保节能型电器"，仍有部分居民未能及时转变自己的消费观念。在被问及"不用电器时您是否会拔掉插头"这一问题时，只有47.3%的北京市居民能总是做到这一点，如表4-2所示，由此可见，对于生活中的细节，居民的重视还不够，低碳生活应该从身边的小事抓起。

表4-2 北京市民低碳行为状况 （%）

|  |  | 总是 | 偶尔 | 从不 |
| --- | --- | --- | --- | --- |
| 节能方面 | 购买节能型电器 | 69.1 | 27.3 | 3.6 |
|  | 不用电器时拔掉插头 | 47.3 | 35.1 | 17.6 |
| 回收方面 | 招待客人使用一次性餐具 | 28.4 | 59.7 | 11.9 |

在回收方面，北京市节约用水成效显著，工业用水重复利用率已经达到85%，说明我们的节水意识较好。招待客人时，一次性餐具因其便利在过去深受人们喜爱，近些年由于对其危害性的大量宣传，调查中偶尔使用一次性餐具的居民约59.7%，从中也可以看到，舆论的宣传有助于引导居民的低碳行为。

## 三、北京市民低碳生活质量提升策略

低碳生活既是一种生活方式，同时也是一种生活理念，主要集中于生活领域，需要人们形成低碳观念并加以践行，同时也需要政府、企事业单位、社区、学校、家庭和个人的共同努力。目前，大家节约资源的意识并不太高，也有部分市民在慢慢改变自己的生活方式，低碳生活已被越来越多的人所接受。我们通过问卷调查分析和阅览北京低碳网、北京市以及市辖区政府门户网站等网络资源，搜集官方网站新闻、政府文件等信息，获得北京市政府在低碳生活实践中的典型个案，归纳出北京市政府在低碳生活发展中的角色与作用。

### （一）低碳意识加强

低碳意识指的是我们要树立低碳环保的价值观，学习生活中应该自觉履行环保公民的责任和义务。通过确定碳预算和提高个人碳预算意识，来确保为低碳经济发展发挥应有的作用。

1. 政府引导

政府要将低碳生活的倡导作为环保部门、街道建设和社区文化的日常议程来做，同时还要以不同的媒介为依托。在此基础上，要充分利用公益广告，使低碳生活的价值观和理念辐射更为广泛。政府还要出台政策法律法规鼓励企业、公民和社会组织等实行低碳消费，给予政策支持和奖励；同时引导大家选择低碳消费方式，并通过市场机制来引导低碳消费。

2. 宣传教育

大众传媒是社会价值的导向器，担负着引导社会良好导向的神圣使命。在当今的信息时代，要充分发挥大众传媒的价值导向作用，广泛宣传低碳生活知识，倡导低碳生活理念，营造低碳生活氛围；充分发挥大众传媒舆论监督作用，及时宣传政府有关低碳生活的政策法律法规，并对社会中高碳消费现象进行抵制，强化低碳生活理念并落到实际行动，逐渐形成低碳生活习惯。

### （二）低碳行为强化

由管理学的双因素激励理论可以知道，健全的激励机制分为物质激励与精神激励两个层面，发展低碳生活同样需要建立起完善的激励机制。首先，因为低碳节能产品价格普遍高于普通产品，人们在现有产品满足生活需求条件下再接受新产品需要有心理上的适应，而在这个缓冲适应的情况中，如果政府在商家与消费者之间给予适当补贴，将会起到良好的带动效应；其次，基于北京市社区建设已成规模，可以给予相应的荣誉称号，比如在一定区域内开展"低碳家庭"的评比活动等，可以对积极实行低碳生活的居民给予一定的关注和肯定，并给予一定的物质性奖励，以此激励更多的公民践行低碳生活。

### （三）低碳技术创新

低碳技术是一个相对广义的概念。低碳技术是相对于高排放的传统碳技术的。低碳技术以低碳排放的可再生能源技术为主体，还包括提高能效的碳排放减少技术和碳存储技术。低碳技术创新是能源技术进步的主要推动力，将直接决定着国家产业的国际竞争力。政府在低碳技术创新体系中，不仅是人财物和技术信息等的投入者，而且担负着社会资源开发利用与配置、要素与价格机制完善、技术市场竞争格局建立的职责。政府是低碳技术创新的推动者，在促进低碳技术创新方面具有不可替代的作用。政府要在国家低碳技术创新体系建设上充分发挥宏观调控作用，促进与低碳技术创新有关的制度建设、文化建设与行为导向。同时，加强低碳技术创新主体的组织与协调，充分调动和激发创新主体的积极性和潜力。

### （四）低碳政策完善

政府政策的激励与保障可以促进和激发市民的低碳生活。健全完善政策法律制度能为市民提供一个外在激励和约束行为的大环境，为低碳生活的实施提供有力的环境和制度保障。

1. 建立碳排放激励与约束机制

一是建立低碳消费的制度体系。如通过税收强化和行政处罚等手段，抑制高碳消费生活方式；还可以制定企业、社区、校园和家庭的低碳标准和规章制度，强化低碳生活价值观，引导市民进行低碳生活。二是推行碳排放交易制度。碳排放交易是把二氧化碳排放权作为一种商品，耗能大、排放多的实体购买能耗少、排放少实体的碳排放权，以市场机制来推动节能减排。

2. 完善低碳产品能效标识制度

一是推行设备节能标识制度，可以按照耗能级别在产品上加上标识，给消费者提供能源消耗信息，引导消费者购买低碳节能产品。二是推行低碳产品认证制度。如通过给产品授予低碳标志，向社会推荐低碳产品购买和消费方式，进而以消费选择来引导和激励企业开发低碳产品，减少二氧化碳的排放。

3. 推行"碳标签"制度

在商品消费领域，通过推行"碳标签"制度，建立一个统一的碳计算标准和碳标签形式，制定相应的激励性保障政策，以加强消费者的低碳生活理念，促进低碳消费行为的形成（见表4-3）。

表4-3 市民低碳生活质量提升策略

| 方面 | 策略 | |
|---|---|---|
| 加强低碳意识 | 政府引导 | 宣传教育 |
| 强化低碳行为 | 低碳绿色生活需要建立起完善的激励机制 | |
| 创新低碳技术 | 以零排放或低排放的可再生能源技术为主体，还包括提高能效的碳排放减少技术以及碳捕获与存储技术 | |
| 完善低碳政策 | 建立碳排放激励与约束机制 | 完善低碳产品能效标识制度 | 推行"碳标签"制度 |

随着经济的发展和社会的进步，能源消耗加大，环境污染加重，保护生态环境的低碳生活必将成为人们的主要生活方式。北京作为中国的首都

和特大城市，低碳生活显得更加重要。我们在探讨低碳生活的内涵、意义、特征及体现的基础上，通过问卷调研分析和查阅北京低碳官网等，发现北京市民的低碳意识不足和低碳行为不够，通过加强政府引导和宣传教育、加强低碳意识、强化低碳行为、创新低碳技术、完善低碳政策，来提高北京市民低碳生活，改善生态环境，加大生态文明建设。

**参考文献**

[1] 2050 中国能源和碳排放研究课题组. 2050 中国能源和碳排放报告［R］. 北京：科学出版社，2009.

## 第三节　生态视角京津冀生产性服务业发展研究

2015 年 4 月，中共中央政治局会议审议通过《京津冀协同发展规划纲要》，强调推动京津冀协同发展是一个重大国家战略，核心是有序疏解北京非首都功能。环保、交通和产业升级转移是京津冀协同发展的三个重点领域，而作为京津冀协同发展重要部分的服务业协同发展，在京津冀发展定位、产业升级转移和优势互补等方面起着很重要的作用，可以有效推动京津冀协同发展。本书基于生态视角，依据产业生态系统，对京津冀生产性服务业发展进行探讨，有重要的研究意义和实际价值。

### 一、京津冀服务业发展

#### （一）京津冀服务业协同发展需求

随着《京津冀协同发展规划纲要》的公布与实施，京津冀协同发展将以"一核、双城、三轴、四区、多节点"为架构进行空间布局，构建以重要城市为支点，以战略性功能区平台为载体，以交通干线、生态廊道为纽带的立体网络。其中，河北省保定市、廊坊市与北京市、天津市共同构成中部核心功能区，即"四区"，重点承接北京市非首都功能的疏解。按照这一布局，京津冀服务业也需要协同发展，并主要解决以下问题：一是在战略规划与顶层设计层面，尚未形成协调发展的现代服务业发展战略规划；二是在技术与标准体系层面，构建京津冀一体化的现代服务业标准体系；三是在生产性服务业及其商业模式创新层面，京津冀需整体优化，整体均衡空间分布等。因此，京津冀服务业协同发展与创新，一方面有其现实的紧迫性，另一方面存在重大的需求性：京津冀区域协同发展的重大需求、首都北京现代服务业发展战略规划与顶层设计的重大需求、环渤海经济圈现代服务业协同创新的重大需求等。

### （二）服务业发展综述

当今世界正由工业经济向知识经济过渡，各国经济的繁荣与竞争不仅取决于资源、资本规模与增量，而且更体现在创造性运用知识与科技的能力。现代服务业是在工业化比较发达的阶段产生的、主要依托信息技术和现代管理理念发展起来的、信息和知识相对密集的服务业。21世纪以来，现代服务业在全球范围内快速发展，主要发达国家产业结构由"工业型经济"向"服务型经济"迅速转变。现代服务业在国民生产总值中所占的比重逐渐上升，其发展水平已成为衡量一个国家经济社会现代化程度的重要标志。科学技术尤其是信息技术对现代服务业发展起着重要支撑与先导作用，是"服务型经济"快速发展的重要推动力量。世界银行《世界发展报告》显示，1960—2000年，美国服务业占国内生产总值的比重由58%上升到74%，英国由54%上升到70%。2000年，全球服务业增加值占GDP的比重达到63%，主要发达国家达到71%，中等收入国家达到61%，低收入国家达到43%。2014年，中国服务业占GDP的比重达到48.2%，低于世界平均水平。[1,2]中国服务业发展水平与国外相比还有较大差距。目前在我国，中央和各级地方政府高度重视现代服务业的发展。

## 二、生态视角的服务业

### （一）产业生态系统

基于生态学视角，从自然生态系统中获得启发，针对产业（主要是工业）活动及其对自然系统的影响，通过比拟生物新陈代谢及生态系统结构、物质流及能量流运动规律，提出产业生态系统。产业生态位是指特定产业在整体产业经济循环中,与其他相关产业在互动过程中所形成的相对地位、产业功能及价值。按照生态学的基本原则,产业生态学系统中的成员可分为生产者、消费者与分解者。分解者是把工业企业的副产品和"废物"进行处理转化及再利用。

把经济看作类似于自然生态系统的循环体系,其中一个体系要素产生的"废物"被当作另一个体系要素的"营养物",各个企业像自然生态一样,利用彼此的副产物作为原料。所以,产业生态系统是由制造业企业和服务业企业组成的群落,它利用结构功能优化,通过能源和材料的管理环境与资源合作,协同提高环境质量和经济效益,实现比企业个体优化效益总和更大的整体效益。产业生态系统是遵循耗散结构原理的开放体系,其物质流与能量流尽量多层次利用来减少体系熵值,从而实现产业与环境的协同发展。[3]

## (二) 生产性服务业

用生态系统思维引导生产性服务业发展,依据产业活动及其对自然系统影响的产业生态系统,加快发展生产性服务业可以促进产业结构调整优化升级。生产性服务业又称生产者服务业,是相对于消费性服务的,是与制造业直接相关的配套服务业,是指市场化的中间投入服务,即可用于商品和服务的进一步生产的非最终消费服务。它依附于制造业企业,是从制造业内部发展起来的新兴产业,是加速第二、第三产业融合的关键环节。

向大城市集聚是生产性服务业的主要空间发展模式。国外学者发现,生产性服务业大都集中于大都市地区,成为整个地区产业活动的核心代表,生产性服务业本身具有规模报酬递增的特性,且与聚集经济是密切相关的。1975年,布朗宁(Browning)和辛格曼(Singelman)在对服务业进行功能性分类时,进一步深化了生产性服务业(Producer Services)概念。哈伯德(Hubbard)和纳特(Nutter, 1982)、丹尼尔斯(Daniels, 1985)等人,认为服务业可分为生产性服务业和消费性服务业。我国学者钟韵、闫小培(2005)认为生产性服务业是为生产、商务活动和政府管理提供而非直接向消费性服务的个体使用者提供的服务,它不直接参与生产或者物质转化。[4]

总体上,国内外学者和机构认为生产性服务业是一种中间需求性服务业，而非最终需求。而对于生产性服务业所包括活动的外延还没有形成一致意见。这里主要依据"十一五"规划纲要中对于生产性服务业的外延分类，认为生产性服务业提供的是市场化的中间服务，即作为其他产品或服务生产的中间投入的服务，并具有专业化程度高及知识密集的特点。

### 三、京津冀生产性服务业发展

#### （一）发展现状

京津冀区域协同发展是国家重大发展战略，有助于京津冀的可持续发展，是区域经济结构优化、生态环境和社会发展的内在需求，也是中国区域经济发展的重要部分。京津冀区域，由京津唐工业基地发展而来，京津冀位于东北亚环渤海地带，是全国主要的高新技术和重工业基地，是中国北方经济规模最大的地区。大力发展现代服务业，既符合国家经济社会发展的战略导向，又契合京津冀协同构建"创新驱动、改革推动、品牌带动、消费拉动、区域联动"现代产业体系和产业空间布局的总体思路。[5]《国务院关于加快发展生产性服务业促进产业结构调整升级的指导意见》，对加快生产性服务业发展做出了全面部署。生产性服务业，主要包括：农业服务、制造维修服务、建筑工程服务、信息服务、金融服务、物流服务、批发服务、租赁服务、商务服务、科技服务、教育服务、环保服务等。第三产业，指不生产物质产品的行业，即服务业。京津冀地区生产总值三次产业情况如表4-4、表4-5所示。

**表4-4　2019年京津冀地区生产总值三次产业现状**　　　　　　（亿元）

| 地区 | 第一产业 | 第二产业 |  | 第三产业 |  |  |  |  |  |
|---|---|---|---|---|---|---|---|---|---|
|  |  | 工业 | 建筑业 | 交通运输仓储 | 批发零售业 | 住宿餐饮业 | 金融业 | 房地产业 | 其他 |
| 北京 | 113.69 | 4241.10 | 1513.67 | 1025.33 | 2856.89 | 540.36 | 6544.77 | 2620.79 | 15912.17 |
| 天津 | 185.23 | 4394.27 | 693.46 | 787.73 | 1372.27 | 169.14 | 1907.86 | 1238.45 | 3349.19 |
| 河北 | 3518.44 | 111503.03 | 2129.89 | 2916.01 | 2947.53 | 389.04 | 2416.13 | 2310.00 | 6765.39 |

注：本表绝对数按当年价格计算，指数按不变价格计算。
资料来源：《中国统计年鉴》（2020）。

表4-5　2019年京津冀地区生产总值三次产业比例　　　　（亿元）

| 地区 | 地区生产总值（亿元） | 构成（地区生产总值=100） ||| 指数（上年=100） ||||
|---|---|---|---|---|---|---|---|---|
| | | 第一产业 | 第二产业 | 第三产业 | 地区生产总值 | 第一产业 | 第二产业 | 第三产业 |
| 北京 | 35371.28 | 0.3 | 16.2 | 83.5 | 106.1 | 97.5 | 104.5 | 106.4 |
| 天津 | 14104.28 | 1.3 | 35.2 | 63.5 | 104.8 | 100.2 | 103.2 | 105.9 |
| 河北 | 35104.52 | 10.0 | 38.7 | 51.3 | 106.8 | 101.6 | 104.9 | 109.4 |

注：本表绝对数按当年价格计算，指数按不变价格计算。
资料来源：《中国统计年鉴》（2019）。

由上面两个表可以看出，北京的第三产业在地区生产总值中占比最大，为83.5%；第一产业在地区生产总值中占比最小，为0.3%。天津的第二和第三产业在地区生产总值中占比较大，分别为35.2%和63.5%；河北的第二产业在地区生产总值中占比较大，为38.7%；第三产业在地区生产总值中占比最大，为51.3%，但与北京、天津还有差距，其第一产业在地区生产总值中占比为10.0%，远大于北京的0.3%和天津的1.3%。也就是说，北京的服务业发展比较好，河北的服务业发展相对较差，所以要充分发挥北京的辐射作用，带动河北的服务业发展，疏解北京的非首都功能。还可以看出，第二产业在地区生产总值中也占据了很大的比例，对京津冀地区生产总值起着很重要的作用。同时，从上面两个表中可以看出，京津冀地区生产总值的相对指数与其第三产业的相对指数几乎相同，也就是说京津冀地区生产总值主要由第三产业的发展来决定，即京津冀区域服务业的发展决定了其地区生产总值，所以说京津冀区域服务业的发展至关重要。总体来说，生产性服务业在京津冀区域发展中起着极其重要的作用，需要很好地引导和发展。

## （二）长三角生产性服务业的启示

区域经济发展水平是很重要的一个生态因子。全国大部分区域，生产性服务业的最大影响因子是生产性服务业规模。长三角区域统计年鉴中涉及的生产性服务业主要包括：交通运输业、邮电业、信息传输业、软件业、金融业、房地产业、商务服务业、科技服务业等。生产性服务业的发展在某种程度上反映出一个区域的综合竞争力。在城市体系中等级越高的，其生产性服务业发展水平就越高。长三角区域的生产性服务业发展水平在全国排在前列，但与国际城市相比还有很大差距。

为规划产业空间发展、更好推动区域产业调整，提升长三角区域竞争力的关键是促进生产性服务业与现代制造业的联动发展，优化产业空间布局，大力推进生产性服务业的集聚式发展。依据盈利边际理论，当服务需求达到一定规模并能满足其发展要求、服务企业能够达到盈利边际时，才可以作为独立的新兴产业门类来发展。而且，服务业内部结构与城市规模结构有很大关系，高附加值的生产性服务业常与城市规模联在一起。长三角可以在内部具备条件的区域形成生产性服务业集聚式发展，通过特大城市的集群化发展方式来提高生产性服务业的发展规模及集聚效应；在其他区域可以通过扶持中小型生产性服务企业发展，来提高生产性服务企业的服务水平。[6]

### 四、京津冀生产性服务业发展策略

#### （一）加大政府政策支持引导，构建生态视角的"三维一体"模式

基于生态视角，在生态和经济社会大环境中，构建政府部门、行业企业、社会组织的"三维一体"模式，如图4-7所示。正如生态系统的自然形成过程一样，产业生态系统的形成以及在何处形成存在偶然的历史因素。要顺利实施这一过程，这些区域就需要一些催化剂来引发产业生态系统的成长，此时政府就显出很重要的作用了。适度的政府支持是系统发展的环境条件。政府是企业发展最重要的软环境，政府的服务水平和办事效率直接关系到企业的运营效率、交易成本及投资者信心，所以政府要营造一个积极向上的和谐环境，以便使整个系统不断扩大。[7]政府逐渐意识到产业生态系统在提高区域竞争力的内在机制，并在营造区域创新环境和推动区域可持续发展等方面发挥着越来越大的作用，进而在逐步推动产业生态系统的发展。政府可以营造良好的软硬件环境，是联结行业企业和社

组织之间的纽带,在推动区域生产性服务业发展方面发挥着很重要的作用。

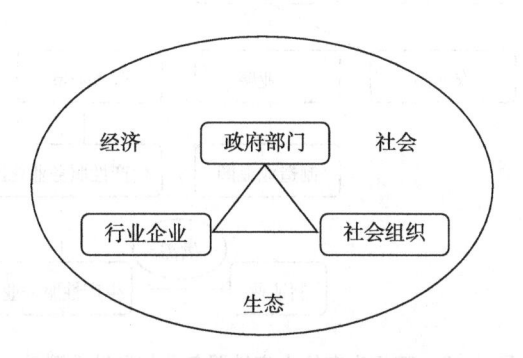

图 4-7 生态视角的"三维一体"模式

## (二) 加强产业关联生态化,构建生产性服务业与制造业的联动机制

生产性服务业与制造业通过供需关系紧密联系在一起,生产性服务业发展能够提高制造业竞争力。生态化建设是要加强京津冀制造业企业与生产性服务业之间的合作,构建与工业、农业和服务业之间的物质循环及能源利用等经济链,逐步形成三大产业循环圈,构建生产性服务业与制造业的联动机制,如图 4-8 所示,在宏观层面上发展循环经济的同时也促进了企业自身的生态建设。生产性服务业与制造业在空间上可以互相分离,基于产业关联生态化的产业圈主要由农业圈、工业圈和服务业圈三大基本圈构成,其中还包括制造业亚圈、生产性服务业亚圈。生产性服务业是服务业的重要部分,生产性服务业亚圈会促进三大产业圈的融合发展,促使经济发展形成一个有机整体。随着社会分工的细化,制造业为保持其核心竞争力,实行服务活动外包,产业链向后衍生,就形成了生产性服务业。现代制造业升级需要知识和技术的更多投入,就拉动了生产性服务业的发展。生产性服务业提供知识和技术投入,降低了制造业的生产成本,提高了其生产效率和竞争力,推动了制造业升级,可以有效促进生产性服务业与制造业的互动融合发展。

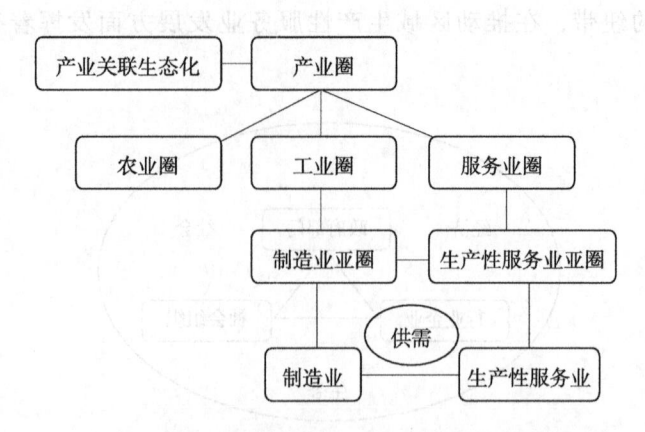

图 4-8　基于生态的生产性服务业与制造业联动

### （三）优化产业生态空间布局，推进生产性服务业的集聚式发展

生态位的构成要素是生态因子，有外生性生态因子和内生性生态因子。产业集群的外生性生态因子是影响集群的外部环境因素，有生产要素、基础设施和市场。产业集群的内生性生态因子是影响集群的内部因素，有集群的构成要素和集群结构。集群的构成要素有企业和相关服务机构；集群结构是集群内的产品结构、市场竞争结构及企业间分工合作关系等。产业集群的生存与发展主要受主导生态因子的作用。各种生态因子和发展空间都以一定方式和形态存在于环境中，这些生态因子紧密结合，形成一个生态空间。服务业产业生态位竞争优势的形成在于它具有的独特资源结构和空间结构。产业空间布局是区域经济社会发展特征的空间反映，是社会生产与经济活动的空间地域体现，其本质是资源要素、企业组织和生产能力在空间上的反映。产业空间布局的优化和城市空间的重组体现出产业结构升级和经济转型发展。引导制造业向城市周围集中布局，依托制造业集聚扩大生产性服务业的有效需求，如图4-9所示，科学规划生产性服务业的功能区域，以功能区与集聚区为载体，实现生产性服务业区域性集聚式发展。

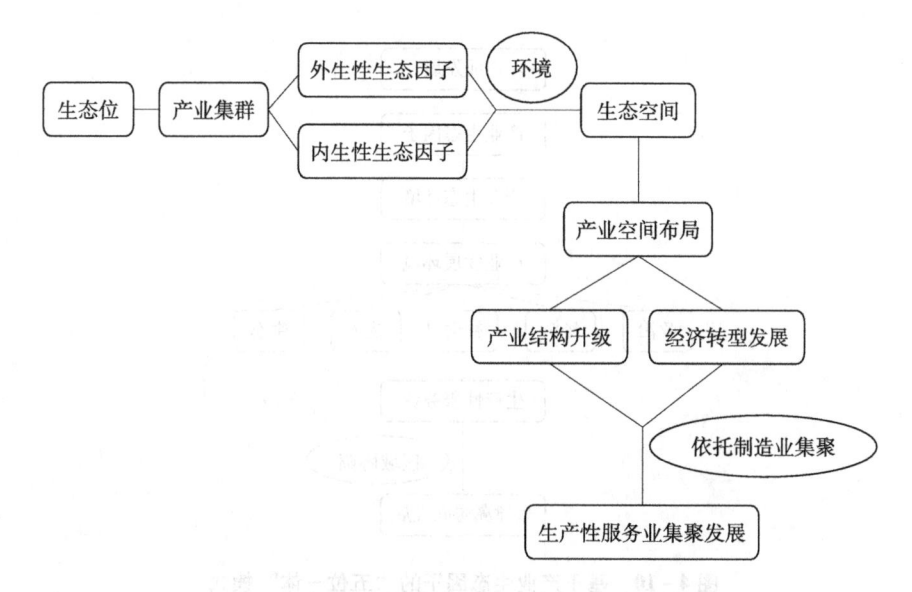

图 4-9 基于生态位的生产性服务业集聚发展

### （四）加强区域协调，构建基于产业生态因子的"五位一体"模式

生态因子是指对生物有影响的各个环境因子，构成生物的生态环境，这些因素作用于企业或产业，将影响企业或产业的生存与发展。产业发展受生态因子的影响和作用，其中主导因子影响着产业的正常发展。产业生态因子随着时间与空间的改变而变化，在一定条件下，主导因子与次要因子可能会相互转化。产业生态环境是多个生态因子的综合体现，各个生态因子之间互相促进和互相制约，一个生态因子的变化可能会引起其他生态因子的变化及反作用。所有生态因子构成了产业发展环境，包括宏观环境和产业环境，有政治、经济、社会文化、技术、生态、人口等，如图 4-10 所示。加强区域规划与区域协调，健全市场机制，探索区域发展的利益协调机制，依据资源禀赋和比较优势，明确不同城市的功能发展定位。京津冀区域协同发展，河北的定位是依托京津发展自身，加快河北的传统产业改造与升级，同时加快北京高新技术产业向周围扩散，在京津冀区域形成以科技带动工业、以工业反哺经济的发展态势，加强生产性服务业发展，带动北京周边的联动创新发展。

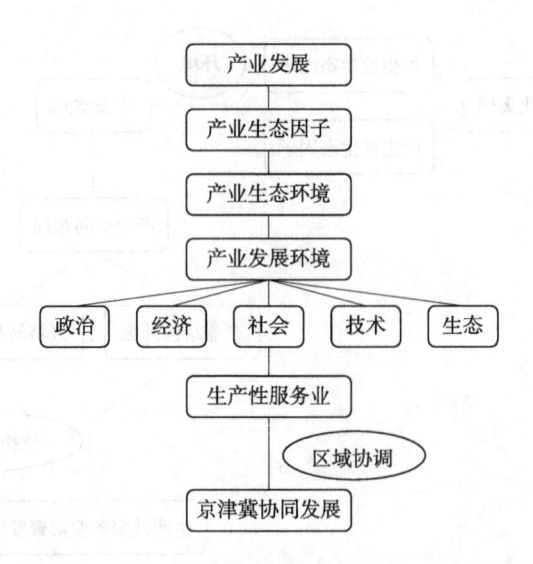

图4-10 基于产业生态因子的"五位一体"模式

《京津冀协同发展规划纲要》强调推动京津冀协同发展是一个重大国家战略，京津冀服务业协同发展，可以有效推动京津冀协同发展。本书基于生态视角，用生态系统思维引导生产性服务业发展，依据产业生态系统，借鉴长三角区域生产性服务业的发展经验，探讨京津冀区域生产性服务业发展，加大政府引导和区域协调，构建生态视角的"三维一体"和"五位一体"模式，加强产业关联生态化，构建生产性服务业与制造业的联动机制，优化产业生态空间布局，推进生产性服务业的集聚式发展，促进京津冀区域协同发展。

## 参考文献

[1] 陈岑. 现代服务业特征及发展趋势简析 [J]. 市场周刊·理论研究, 2013 (7): 34-35.

[2] LUNDQUIST K J, OLANDER L O, HENNING M S. Producer services: growth and roles in long-term economic development [J]. The Service Industries Journal, 2008, 28 (4): 463-477.

[3] 鲍泓宏. 产业生态系统中的政府职能 [J]. 经济论坛, 2007 (10): 8-9.

[4] 王子先. 中国生产性服务业发展报告2007 [M]. 北京: 经济管理出版社, 2008.

[5] 李京文, 李剑玲. 京津冀协同创新发展比较研究 [J]. 经济与管理, 2015 (2):

13-17.

[6] 沈玉芳,刘曙华,张婧,等. 长江三角洲生产性服务业的空间分布特征分析[J]. 资源开发与市场,2010,26(3):223-226,268.
[7] 张可云,蔡之兵. 京津冀协同发展历程、制约因素及未来方向[J]. 河北学刊, 2014,34(6):101-105.

## 第四节　基于生态位的企业发展战略分析

生态位是生态学中的一个重要概念,已被应用于很多领域。生态位理论是新兴起的一种新型研究方法和策略,它是结合对各种生物学的研究后探讨出的一种较为完善的体系,提供了一个关注企业与外部环境协调共生的视域,也为分析研究企业发展战略提供了理论指导。针对目前企业竞争激励问题,基于生态位视域下进行企业发展战略分析,研究企业的内部资源和外部环境,提高企业的生存、发展和竞争力,提高企业的长期可持续发展能力,促进环境、经济、社会的协同发展,具有很重要的意义。

## 一、生态位内涵及其延伸

生态位概念在许多方面都有广泛应用,应用在企业经营方面,主要是指同质产品或相似的服务,在同一市场区间竞争难以同时生存。1910年,约翰逊最早使用了生态位一词,指同一地区的不同物种可以占据环境中的不同生态位;生态位的概念是由格林内尔于1917年首次提出的,他指出在同一动物区系中定居的两个种不可能具有完全相同的生态位。他把生态位定义为恰好被一个种群或一个亚种群所占据的最后分布单位,主要是空间生态位。埃尔顿(1927)给生态位定义是"指物种在生物群落中的地位和角色",特别强调物种在群落营养关系中的角色,是功能生态位。哈钦森(Hutchinson,1957)引入数学中点集理论,把生态位看作一个生物单位(个体、种群或物种)生存条件的总集合体。他从空间、资源利用等多方面考虑,对生态位概念予以数学的抽象,提出了生态位的多维超体积模式,在此基础上提出了"基础生态位"和"现实生态位"概念。多维超体积概念为现代生态位理论研究奠定了基础。后来 Mathew A. Leibokl 从生物对环境需求与影响的角度，提出"需求生态位"与"影响生态位"及由以上两者结合形成的"总生态位"。[1,2]

生态位，又称小生境，是一个物种所处的环境以及其本身生活习性的总称，主要指自然生态系统中的一个种群在时间、空间上的位置及其与相关种群之间的功能关系与作用。每个物种都有最适合自身生存的独特的生态位，以区别于其他物种。生态位包括该物种觅食的地点，食物的种类和大小，还有其每日的和季节性的生物节律。生态位法则也称"格乌司原理""价值链法则"，原指在大自然中，各种生物都有自己的"生态位"，亲缘关系接近的，具有同样生活习性的物种，不会在同一地方竞争同一生存空间。随着生态位理论体系的不断建立和发展，它被企业管理和研究人员运用到企业实际的发展过程中。现阶段比较科学的解释是，它主要是指一个种群在生态系统中，在空间、时间上所占据的位置及其与相关种群之间的功能关系与作用。[3,4]

每个企业都有自己的生态位，它的生存要在空间、时间、顾客、技术和管理方法上与其他企业有所区别，才能竞争和生存。企业生态位是指一个企业与其他企业相关联的特定市场位置、地理位置和功能地位。与生态学的生态位不同的是企业是包含人为因素的有机整体，具备更强的思维能力和主动选择能力。企业的生态位可以从企业的生存、发展和竞争三个层次来表现，企业生存力是企业内部构成要素的完整性及各要素功能的完好性（主要包括生产经营能力、产品研发能力、社会服务能力）；企业发展力反映的是企业内部构成要素之间的相互协调性（主要包括资源整合能力、运营管理能力、战略管理能力）；企业竞争力反映的是企业与环境之间的物质、能量、信息交流转换情况，主要是指企业对环境的主动适应性，即企业不断学习创新的进化能力（主要包括学习能力、创新能力）；这三个层次相互作用、互相促进，如图 4-11 所示。营造有利于企业生存、发展与竞争的环境，制定合理可行的企业发展战略，使企业具备较高的生态位，促进企业的可持续发展。[5]

第四章　生态位的京津冀区域商务发展

```
企业竞争力 —— 学习能力、创新能力
           ↕
企业发展力 —— 资源整合能力、运营管理能力、战略管理能力
           ↕
企业生存力 —— 生产经营能力、产品研发能力、社会服务能力
```

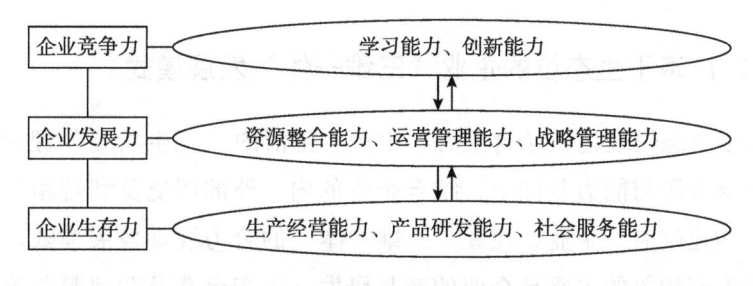

图4-11　企业生态位结构示意

## 二、基于生态位的企业发展模式

管理学大师彼得·德鲁克曾说："企业之间的生存发展如同自然界中各种生物物种之间的生存与发展，它们均是一种生态关系。"企业和生物体一样，要选择并构建恰当的生态位，不断进化以适应企业生态系统，获得生存和发展的空间。作为组织体的企业，其处在经济、社会、文化和自然环境等因素构成的生态环境中，同样适于生态位理论。[6-8]

### （一）基于生态位的企业"五位一体"发展模式

企业在特定生态系统与环境相互作用过程中所形成的相对地位和作用，使其生态位主要取决于两个情况，一个是主体与环境的物质、能量和信息的交换情况，一个是主体自身的新陈代谢及主体内部各个部分运行及相互协调情况。基于生态位理论，借鉴PEST环境分析法，分别从政治或法律因素、经济因素、社会文化因素和技术因素。本书认为企业发展模式主要是由民主的政治系统、高效的经济系统、和谐的社会系统、创新的技术系统和健康的环境系统等五个子系统组成，这五个子系统之间相互制约和相互影响，构成企业的"五位一体"发展模式，如图4-12所示。

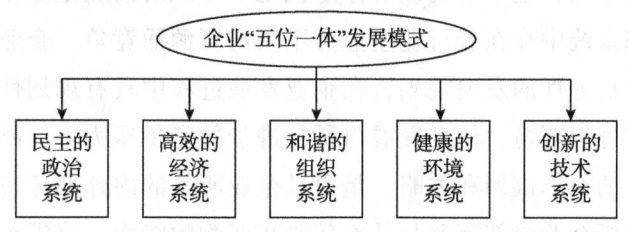

```
            企业"五位一体"发展模式
    ┌───────┬───────┬───────┬───────┐
  民主的    高效的   和谐的   健康的   创新的
  政治      经济     组织     环境     技术
  系统      系统     系统     系统     系统
```

图4-12　基于生态位的企业"五位一体"发展模式

109

## （二）基于生态位的企业"三维一体"发展模式

基于生态位理论，结合生态、生产、生活的"三生共赢"理论，在企业自身资源与能力基础上，结合企业的内、外部环境及利益相关体等因素，构建政府、企业、社会"三维一体"的合力互动发展模式。这里认为与生产相关的主要是企业的产品研发、生产运营及营销服务等行为与活动，与生活相关的主要是社会公民的观念、消费、出行、生活及行为等，与生态相关的主要是政府的政策法律法规起到很关键的引导与保障、促进作用。促进政府、企业、社会三者合力的有效互动，在政府合理政策的大力引导下，优化社会及自然的宏观环境系统，完善企业相关的支持环境系统，通过企业的战略选择、产品创新、市场开发及品牌战略等，寻求更好的新的营利模式，构建企业的"三维一体"发展模式，如图4-13所示。

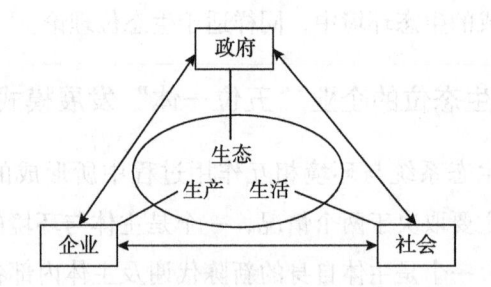

**图4-13 基于生态位的企业"三维一体"发展模式**

## 三、基于生态位的企业发展战略

企业发展战略是对企业各种战略的统称。企业作为一个组织体，也符合生态位原理。整个市场经济体系就是一个大的商业生态系统，在这个商业生态系统中存在着行业企业为不同的资源而竞争。企业发展战略是制定企业长远性的发展规划，在企业发展进程中具有规划性和指导性作用，是在外部环境、信息发展与科技进步的竞争压力下，能凸显企业特性和展望的整体谋划和方略，是通过企业所处的内外部环境和相对竞争地位、分析企业内部资源与外部环境相匹配的能力、分析企业的外部

环境和自身资源与能力、利益相关体的期望等因素，形成企业发展战略。[9-11]

## （一）基于生态位的企业整体发展

企业是一个由若干相互联系、相互作用的局部构成的整体。企业的发展受内部资源和外部环境的限制和影响，企业的发展是在外部宏观环境下的发展，把企业的发展看作一个整体，在基于生态位的企业"五位一体"发展模式上，只有通过健全的法律法规、政府工作机制、行政机构、政府信息及决策程序等建立民主的政治系统，通过经济体制改革、产业结构优化、一二三产业体系等建立高效的经济系统，通过社会保障系统、文体教卫系统、生活品质、生态消费理念等建立和谐的社会系统，通过空气质量、碳足迹、绿地覆盖率、水质达标率及垃圾处理率等建立健康的自然环境系统，通过科研创新、产品研发、自主创新、开发新能源等建立创新的技术系统，才能促进政治、经济、环境、社会和技术"五位一体"的和谐统一发展，才能为企业的整体发展提供良好的大环境，进而促进企业的整体可持续发展。

## （二）基于生态位的企业长期发展

企业也有生命周期，为了使企业走得更远更长久，不但要重视企业短期发展，更要重视企业长期发展。企业的发展只有注意环境、经济、社会的和谐统一发展，才能使企业走得更快更久远。在基于生态位的企业"三维一体"发展模式上，不断加强政府、企业、社会三者的合力有效互动，在政府政策正确的大力引导下，优化企业竞争发展的社会及自然大环境，加强生态环境保护观念理念，严格执行政府有关的法律、法规和标准，把企业管理纳入法制化的轨道，加大企业管理体制改革力度，加快推进经济体制改革，推动企业发展的机制建设，提高企业的自主创新能力，以市场为主导，以资源为基础，促进产品研发和技术创新，提高企业的发展竞争力，促进企业的长期可持续发展，实现生态、生产、生活的"三生共赢"，促进环境、经济、社会的协同发展。

### (三) 基于生态位的企业竞争发展

企业生态位通过对企业资源因子的分析，综合考虑了企业的内部资源和外部环境。依据生态位原理，动物界特别是凶猛动物之间，为了避免因争夺食物而造成不必要的伤亡，其寻食时间和区域总是错开的，即生态位错位。推理到市场竞争，如果两个企业同时去争夺同一个市场或同一个资源，必定会不同程度地造成两败俱伤，这是任何企业都不愿意看到的。所以为了避免两败俱伤的竞争，企业之间竞争也要有序竞争，而其关键在于错位经营，实际中主要是指企业根据自身的条件，选择与竞争对手不同的策略，突出其差异性，尽量减少和避免直接冲突，以减少损失，凸显其核心竞争优势。

### (四) 基于生态位的企业生态发展

生态位理论中，目前一般是在社会、经济、自然环境复合生态系统中，生态位不仅适用于自然环境子系统中的生物，同样适用于社会子系统、经济子系统中的功能和结构单元，所以在人类经济与社会发展的很多领域都存在生态位，并在多个领域得到了广泛的应用，也同样适用于企业的发展战略。在经济发展与社会进步过程中，存在大量的生态位重叠现象。生态位重叠是指两个或两个以上生态位相似的物种生活于同一空间时分享或竞争共同资源的现象，这里主要表现为两个或两个以上行业企业在同一空间时间分享或竞争一个共同资源的现象，也就是一个资源被两个企业共同占有，依据资源的有限性原理，一般是空间和资源有限，所以生态位重叠的两个企业因竞争排斥原理而难以长期共存，生态位重叠企业之间竞争总会导致重叠程度降低，如彼此分别占领不同的空间位置等。企业要获得生存与发展，就要尽量避免与其他企业在某些资源上利用的重复性。所以企业只有正确定位自己，才能立足自身资源，形成自身特色，发挥比较优势，提高企业发展的效率和收益，促进经济和社会的良性健康发展，加速推动经济发展、社会进步和环境保护。

目前，企业竞争激烈，企业的发展战略分析很重要，在生态位视域下，结合PEST分析法和"三生共赢"理论，提出了政治、经济、环境、社会和技术"五位一体"和政府、企业、社会"三维一体"发展模式,基于生态位理论,结合波特五力竞争模型与 SWOT 分析法对企业进行了发展战略分析,鉴于生态位重叠现象,利用生态位错位发展,从企业的整体发展、长期发展、竞争发展、生态发展方面提出了相应的发展战略,提高企业的生存、发展和竞争能力,促进企业的长期可持续发展,实现生态、生产、生活的"三生共赢",促进环境、经济、社会的和谐共生发展。

**参考文献**

[1] 金松岩,张敏,杨春. 生态位理论研究论述 [J]. 内蒙古环境科学,2009,21 (4):12-15.

[2] 林纾. 企业生态位的战略应用研究——基于东方管理和谐思想的探讨 [J]. 科技管理研究,2012,32 (21):252-256.

[3] 单汨源,李果,陈丹. 基于生态位理论的企业竞争战略研究 [J]. 科学学与科学技术管理,2006 (3):159-163.

[4] HANNANMT. et al. The Organizational Niche [J]. Sociological Theory, 2003 (4): 309-332.

[5] 纪秋颖,林健. 基于生态位理论的高校核心能力评价方法研究 [J]. 中国软科学, 2006 (9):145-150.

[6] 钱辉. 生态位、因子互动与企业演化——企业生态位对企业成长影响研究 [M]. 杭州:浙江大学出版社,2008:73.

[7] LI Jianling. Green economic development and management [G]. The 2nd Academic Conference on Energy, Environment and Development (IACEED 2011), 2012 (1).

[8] NAKATA T, SILVA D, RODIONOV M. Application of Energy System Models for Designing a Low-carbon Society [J]. Progress in Energy and Combustion Science, 2011, 37 (4):462-502.

[9] 李剑玲. 基于低碳绿色经济的中国城市建设问题研究 [J]. 生态经济,2014 (5):53-56.

[10] 李庆春. 生态位视角下传媒企业竞争战略探究 [J]. 新闻战线,2014 (5):144-145.

[11] HARTMANN J, GERMAIN R. Understanding the relationships of integration capabilities, ecological product design, and manufacturing performance [J]. Journal of Cleaner Production, 2015, 92:196-205.

## 第五节　生态文明的企业社会责任管理创新研究

当前，中国出现了企业信誉疑问、产品质量担忧、生态环境污染、自然资源浪费等问题，这些问题在某种程度上都反映出一些企业社会责任的问题。企业是以盈利为主要目标，但企业是存在于政治、经济、社会、技术的大环境中的，企业为了更长久地可持续发展，就要在生态文明建设新常态下，本着生态环境保护的原则，研究基于生态文明的企业社会责任评价管理，在促进企业良好运营发展的同时，促进经济、社会和环境的可持续发展。

### 一、生态文明呈现出新常态

人类经济发展、社会进步的必然表现是生态文明，是人类经济社会发展的一个崭新的阶段。生态是各种力量相互制约和协调共生的结果。生态文明是指文明的一个方面，即相对于物质文明、精神文明和制度文明而言，是人类在处理同自然关系时所达到的文明程度，即指用文明的方式对待生态。在中国经济呈现出新常态、中国政治呈现出新常态、中国社会建设呈现出新常态的新时期，也需要生态文明呈现出新常态，这也是发展和谐中国、实现中国梦的重要内容。

党的十八大报告特别强调要把生态文明全面融入中国建设发展的各个方面，以生态文明建设为契机，加强政治建设、文化建设、经济建设和社会建设的各个发展层面，促进中国现代化建设的全方位协调发展，促进经济基础和上层建筑的和谐发展，促进自然属性和社会属性的和谐统一，开拓创新生态良好、生产发展与生活富裕的文明发展道路。建设生态文明，保护生态自然环境，关系着每个公民的切身利益，关系着中国发展的长远利益。习近平总书记从中国发展的战略高度，强调提出经济社会发展与生态环境保护相协调发展，促进人与自然的和谐共存发展，同时提出保护与改善生态环境也就是保护与发展生产力的理念，阐述了生态环境与生产力之间的密切相关度，揭示了生态环境保护对经济社会发展的重要意义，在呈现中国经济新常态的同时，必须要呈现出生态文明新常态，只有这样才能保证经济社会的可持续发展，才能保障经济社会与生态的和谐发展。

## 二、生态文明视角的企业社会责任评价理论基础

企业社会责任（Corporate Social Responsibility，CSR）的研究随着20世纪末全球范围内企业社会责任运动的发展，成为近年来企业管理理论的研究热点。企业社会责任主要是指企业在创造盈利的同时，还要承担对员工、客户、生态环境及所有利益相关者的社会责任，这就要求企业改变利润是其唯一目标的传统理念，而是要强调对企业生产过程中人的价值的关注，以及强调企业对顾客、对生态环境的社会价值体现，重视企业对整个社会的相对贡献。从数量角度建立企业社会责任评价体系，与企业社会责任评价相关的理论如下。

### （一）"三生共赢"原理

"三生共赢"原理是指生产、生活与生态的共同发展，三者之间是相互联系、相互影响、相互促进、密不可分的。人与自然环境所构成的整个系统，是由人的生产子系统、生活子系统与生态子系统所构成的，生产、生活与生态分别代表三个子系统的主要特征。"三生共赢"就是将人类经济社会的发展目标定位于生产、生活与生态的协调共生发展，具体的就是生产发展、生活提高与生态改善，只有这样，才符合科学发展观的规律，也只有这样，才能做到人类经济、社会与环境的长期的可持续发展。

### （二）社会契约理论

美国管理学家Donaldson和Dunfee将企业与其利益相关者之间的所有契约形式统称为综合性社会契约，是企业道德规范的重要组成部分。企业有义务和责任遵守其与社会达成的社会契约。契约理论认为，企业是各种要素投入者为了各自目的联合起来而组成的一个有效的"契约联合体"。企业生存与发展的物质基础主要包括股东投入的股权资本、债权人投入的债务资本、经营管理者及职工投入的人力资本、供应商及顾客投入的市场资本、政府投入的公共环境资本、社会及公众投入的经营环境等等，向企

业投入了资源的这些主体共同构成企业的利益相关者,他们通过一系列的契约将资源投入企业这一"契约联合体"中进行优化组合配置并实现自身的利益。因此,企业是社会整个系统中不可缺少的,是利益相关者契约的载体,社会对企业的发展承担责任,同时企业必须为社会承担社会责任。[1]

### (三) 利益相关者理论

企业的主要目的是获取最大盈利,企业的本质是利益相关者的契约集合体,是由一系列的利益相关者组成的,结合波特的五力竞争模型,具体有企业股东、经营管理者、职工、供应商、顾客、竞争对手、潜在进入者等,随着企业不断发展,企业利益相关者不断扩大。所以,企业社会责任评价体系应该把利益相关者理论作为其研究基础。[2]

### (四) 企业竞争力理论

企业竞争力主要是指在市场经济中,企业所具备的可以更加有效向市场提供产品或服务,并获取盈利与自身发展的综合素质,是指企业可以获取长期竞争优势的核心竞争能力。执行企业社会责任需要企业的投入与付出,尽管有可能会暂时减少企业盈利,但是从长久全局来看还是会促进企业的可持续发展的。可以给予企业一定的相关激励机制,以保障企业在执行社会责任同时尽量减少对其竞争力的影响,以保证企业执行社会责任的主动性和持续性。

### (五) 权重理论

本书在美国学者卡罗尔研究企业社会责任的基础上补充生态环境因素。卡罗尔设计了企业社会责任金字塔模型,并且强调这个模型与其他层次理论是不一样的,这个模型是一起来执行四项责任。他设计了经济、法律、伦理和慈善四个企业社会责任相关因素权重,本书补充生态环境因素进去。因为所有的活动因素都是在整个的大的生态环境中进行的,所以认为生态责任的权重最大,位于整个金字塔模型的最底端;又因为经济基础决定着上层建筑,所以经济责任的权重也比较大,位于整个金字塔模型的从下至上的第二层的位置；法律责任具有强制性的因素，所以仅次于经济责任，位于整个金字塔模型的中间位置；社会伦理责任是企业尽可能来减少对利益相关者的损害；慈善责任主要是指企业通过自身能力，来提高公民的生活品质，依次位于整个金字塔模型的从下至上的相应位置。所以，由此可知，根据这些权重分量的不同，这五种责任就位于整个金字塔的不同的相应位置[3]，如图4-14所示。

图4-14 企业社会责任权重

## 三、生态文明视角的企业社会责任评价影响因素分析

### （一）基于PEST方法的企业社会责任评价影响因素分析

PEST分析法，是组织的一般外部宏观环境分析方法，本书在此基础上考虑了生态环境因素进去，如图4-15所示。基于PEST外部环境分析方法，以生态文明建设为出发点，以保护生态环境为立足点，分析企业社会责任影响因素，不仅考虑政府的生态绩效管理因素、经济环境因素、社会文化环境因素、技术环境因素，还要加进去生态环境因素，考虑它们与生态环境因素之间的相互影响和促进关系。企业社会责任的执行受社会经济和生产力发展水平的制约，反过来企业社会责任的执行也会影响社会经济和生态环境的发展，同时社会文化环境因素、自然地理环境因素和技术环境因素、生态环境因素也会影响企业社会责任的贯彻和执行力度，企业社

会责任管理是一个复杂的整体系统，受以上外部宏观环境的各个方面因素的综合影响。[4]

```
        基于PEST的企业社会责任影响因素
                    │
               生态文明建设
        ┌────┬────┬────┬────┐
      政治  经济  社会  技术  生态
      环境  环境  环境  环境  环境
```

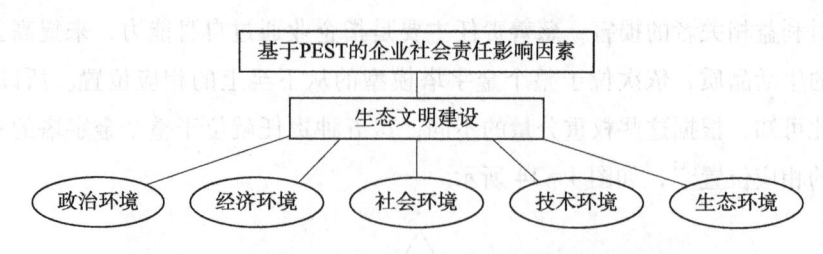

图 4-15　基于 PEST 的企业社会责任评价影响因素

## （二）基于生态位理论的企业社会责任评价影响因素分析

企业能够成功赢利的关键在于区别于竞争对手，能够给市场提供区别于竞争对手的产品或服务，无论是通过产品差异化还是通过降低产品成本，都是想有区别于竞争对手的独有的核心竞争能力。生态位一般是指物种在生物群落中的生活方式以及它们在时间上、空间上占有的地位。当今企业竞争非常激烈，生态位重叠是其主要原因之一，所以要基于生态位理论，采取生态位分离和生态位错位等方式来分散竞争。基于生态位的企业社会责任评价影响因素分析，要考虑企业生态位生态因子的维度、生态位的重叠与分离等，如图 4-16 所示，主要考虑该企业在特定时期、特定范围与特定环境中所占据的空间位置，还要考虑该企业在此环境下拥有的自然资源、社会资源及人力资源等，企业通过定位自己的空间生态位、时间生态位、营养生态位和业态生态位，适时调整自己的经营目标、经营品种和经营规模等，采取错位生产、以退为进、借位生产等方式，企业追求自身利益的同时，尽力执行社会责任，保护整个生态环境，避开恶性竞争，为自己赢得生存和发展的空间和时间，促进企业的可持续发展。[5]

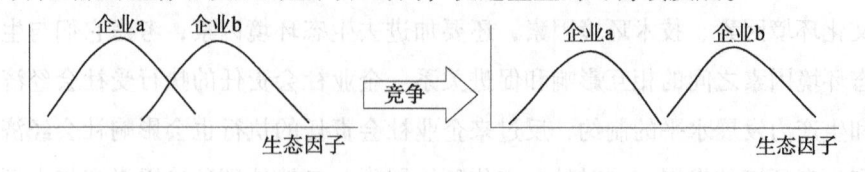

图 4-16　企业生态位的重叠与分离

### (三) 基于利益相关者理论的企业社会责任评价影响因素分析

企业的各个利益相关者对社会责任的要求是企业社会责任的重要影响因素之一。企业社会责任因其行业企业的自身特点差异而有所不同。企业在经营规模、产品特点、战略特色、生产过程、营销策略、空间位置、企业文化、利益相关者的压力以及企业管理等方面都是不一样的。企业社会责任也可以认为是企业对各个利益相关者的责任，所以各个利益相关者的不同情况自然会影响到企业对其社会责任的执行，企业各个利益相关者的权限是其企业社会责任存在的基础所在，各个利益相关者权利多少以及其维权大小是企业社会责任的重要影响因素。例如，有企业职工维护其劳动权益的工会组织使企业重视劳动者的利益，顾客维护其消费权益的消费者协会使企业重视消费者的利益，整个社会的自然资源和生态环境保护使企业重视利益相关者的利益，政府对企业的期望和监督也使企业重视利益相关者的利益，等等。[6]

## 四、生态文明视角的企业社会责任管理评价模型

### (一) 企业社会责任评价的一般方法

中国对企业的评价更多的是仅限于经济评价，远不能满足经济全球化和企业竞争力提高的需要。而在西方发达国家，将企业社会责任纳入评价体系已经非常普遍，如道琼斯可持续发展指数、多米尼道德指数等。其实，应该将企业社会责任也纳入企业评价的范围，建立企业社会责任评价体系及其评价标准，并可以将企业社会责任评价结果周期性地公开于社会，以此可以起到对企业进行其社会责任有效监督和更好激励的作用。

企业社会责任的测量与评价在实证研究中非常重要，目前主要有以下几种。

1. 年报内容分析法

没有考虑概念的不同维度，我们可以先收集企业年报等企业社会责任相关信息，然后对这些企业信息进行分析与归纳，并且利用这些可以量化

的社会信息做进一步的分析与研究。

2. 污染指数测量法

只有环境维度，TRI 指标主要是政府部门与一些社会组织机构用来评价环境相关问题的指标，可以主要包括大气、水、生活垃圾等分析处理及利用的环境问题。

3. 问卷调查法

我们可以把模型的每个维度进行操作化，对应设计一系列测量标准给每个维度，再编制成相应的测量工具，然后就通过调查问卷来获取对企业社会责任的相关问题认知，最后可以依据这些问题得分及其维度得分来对企业社会责任做出进一步的评价。

4. 声誉指数法

声誉指数法主要是指由业内资深专家用其声誉指标来进行企业社会责任的评价与分析。这样可以全面测量企业的社会绩效，但是相对比较模糊。据相关资料，1972年版的 Moskowitz 指标和 1992年版的《财富》杂志声誉指标是应用最多的。

5. 专业机构数据库

这里主要是指利用专业评估机构来建立企业社会责任数据库进行分析研究的一种多维度测量方法。KLD 指标是最著名的指标之一，主要涉及雇用关系、社区关系、生态环境绩效等多个维度。[7,8]

## （二）基于生态文明建设的企业社会责任管理评价模型

本书构建的基于生态文明建设的企业社会责任管理评价模型，是在目前的企业社会责任管理研究的基础上，融入了中国新时期新常态的生态文明建设的理念。目前的 CSR（企业社会责任）研究为企业社会责任管理评价研究提供了一定的理论基础，但仍然存在一些局限性。传统 CSR 的测量侧重结果导向，而忽视了目标管理行为的测量，这样就很难预测企业未来 CSR 的活动与发展。主要体现是：对 CSR 的评价研究主要集中在通过主观判断来构建 CSR 评价指标体系，偏重于对 CSR 理念、过程和行为的评估，而没有充分考虑企业行为结果的可持续发展的社会价值贡献。[9] 本书针对以上 CSR 研究局限性的问题，将以现有的 CSR 评价研究和生态文明研究为基础，通过引入生态文明建设理论，发展完善 CSR 的研究内涵和 CSR 的评价指标模型，构建基于生态文明建设的 CSR 评价体系和生态评价方法模型，如图 4-17 所示。

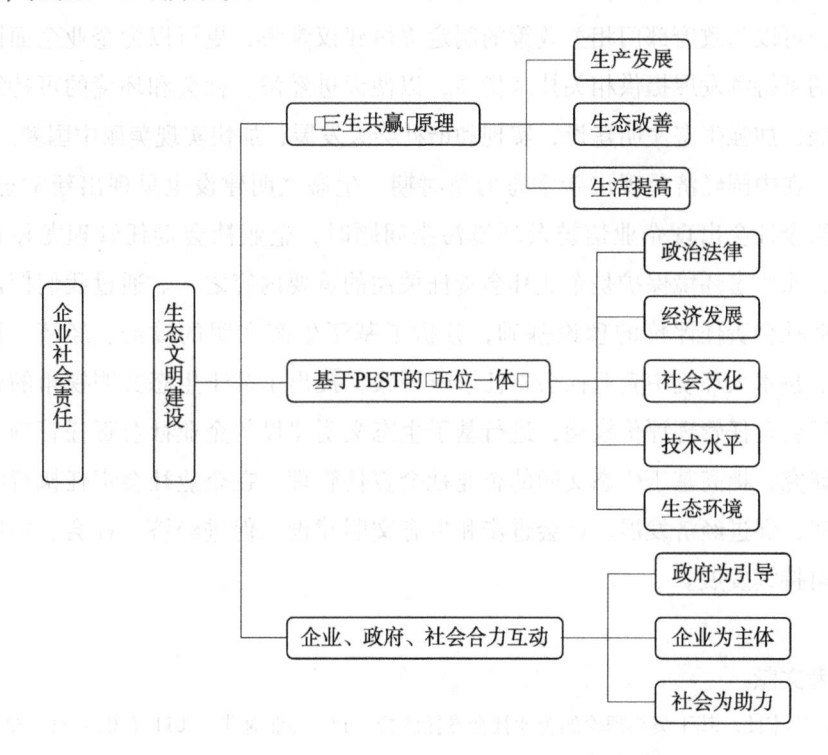

**图 4-17　基于生态文明建设的 CSR 管理评价模型**

本书构建的 CSR 管理评价模型，是在生态文明建设基础上研究评价企业社会责任管理，以生态环境保护作为外源潜变量，以经济社会发展作为内源潜变量，在努力进行生态文明建设、加强生态环境保护的同时，追求经济的发展和社会的进步。把解决生态环境问题的目标定位于生产、生活与生态的和谐共生发展，以生态文明建设为发展的核心，以生态建设来促进生产发展，以良好生态来保障幸福生活，基于"三生共赢"原理，统筹经济、环境、社会、科技、节能减排等几个方面，研究技术与经济、社会和环境最佳组合的方式和途径。在 PEST 宏观环境分析基础上的政治、经济、社会、技术和环境"五位一体",统筹政治法律、经济发展、社会文化、技术水平和生态环境等几个大的方面,构建生态、生产、生活三者共生发展的 CSR 管理评价模型,形成以企业为主体、政府为引导、社会为助力的企业、政府、社会三者合力互动型协同发展机制,目的是追求生态改善、生产发展和生活提高的和谐完美统一。通过本模型的构建及其内容探讨,可以为政府部门相关政策的制定提供建议参考,更可以为企业全面协调的可持续发展提供相关技术指导,以便促进经济、社会和环境的可持续发展,加强生态文明建设,实现和谐社会大发展,加快实现美丽中国梦。

在中国经济呈现出新常态的新时期,生态文明建设也呈现出新常态。在当今社会出现企业信誉及环境污染问题时,企业社会责任管理尤显重要,而生态环境保护是企业社会责任关注的重要内容之一。通过我们探讨企业社会责任评价的理论基础,分析了基于生态文明的政治、经济、社会、技术大环境中企业社会责任影响因素,提出了基于生态文明视角的企业社会责任管理评价模型,进行基于生态文明建设的企业社会责任管理评价研究,提高基于生态文明的企业社会责任管理,在企业社会责任执行的同时,促进经济发展、社会进步和生态文明建设,促进经济、社会、环境的可持续发展。

## 参考文献

[1] 李丰团. 基于契约理论的企业社会责任解析[J]. 商业时代, 2011 (10): 81-82.

[2] 肖维歌. 企业社会责任及其动力机制的经济学分析[J]. 商业经济研究, 2010 (22): 75-76.

[3] 李晏墅, 周祎卿. 企业社会责任的生态模型——基于演化轨迹及机理分析[J]. 福建论坛(人文社会科学版), 2009 (8): 9-12.

[4] LIOUI A, SHARMA Z. Environmental corporate social responsibility and financial performance: Disentangling direct and indirect effects [J]. Ecological Economics, 2012, 78: 100-111.

[5] 单汩源, 李果, 陈丹. 基于生态位理论的企业竞争战略研究[J]. 科学学与科学技术管理, 2006 (3): 159-163.

[6] HILSON G. Corporate Social Responsibility in the extractive industries: Experiences from

developing countries [J]. Resources Policy, 2012, 37 (2): 131 –137.
[7] 王昶, 周登, DALY S P. 国外企业社会责任研究进展及启示 [J]. 华东经济管理, 2012, (26) 3: 150 –154.
[8] RAMASAMY B, YEUNG M. Chinese Consumers' Perception of Corporate social Responsibility [J]. Jounal of Business Ethics, 2009, 88 (1): 119 –132.
[9] 买生, 匡海波, 张笑楠. 基于科学发展观的企业社会责任评价模型及实证 [J]. 科研管理, 2012, (33) 3: 148 –154.

## 第六节 生态安全视角企业社会责任管理模式研究

随着企业信誉、产品质量、生态环境污染、自然资源浪费等问题的出现, 迫切需要加强企业社会责任管理。企业是以盈利为主要目标, 但企业是存在于政治、经济、社会、技术的大环境中的, 生态环境保护与经济社会发展是相互影响、彼此制约的, 所以为了企业更长久的可持续发展, 需要在生态安全视域内加强企业社会责任管理, 本着遵循自然规律为原则, 以生态环境保护为核心, 研究基于生态安全的企业社会责任管理, 促进企业的可持续发展, 促进经济、社会、环境的和谐发展。

### 一、生态安全概述

#### (一) 生态安全内涵

生态安全是自然科学与社会科学的交叉学科, 生态安全 (ecological security), 国外有的也称环境安全 (environmental security), 有狭义和广义两种理解。狭义的生态安全是指自然和半自然生态系统的安全, 即指生态系统健康和完整情况, 是人类在生产、生活和生态等方面不受破坏与污染等影响的保障程度, 主要包括饮用水与食物安全、空气质量与绿色环境等基本要素。广义生态安全参照国际应用系统分析研究所 (IIASA 1989) 提出的, 即生态安全是指在人的生活、健康、基本权利、生活保障、必要资源和人类适应环境能力等方面不受威胁的状态, 是由经济生态安全、社会生态安全和自然生态安全组成的复合人工生态安全系统。安全的生态系统是稳定的和可持续的,在时间和空间上能够维持它的组织结构和自治状态,以及保持对威胁的恢复力。不安全的生态系统,则是功能不完全或不正常的生态系统,其安全状况处于受威胁之中。

从生态安全的内涵看主要分为强调生态系统自身健康完整的可持续性和强调生态系统对人类提供完善的生态服务或生存安全。生态安全的特点主要有生态安全的整体全球性、生态破坏的不可逆性及生态恢复的长期性等。

## (二)国内外研究综述

生态安全问题一般认为最早是20世纪80年代提出的,由苏联切尔诺贝利核电站事故导致环境灾难而引出。然后是90年代后明显的全球性环境公害,如沙尘暴、水污染、空气污染、温室效应等,经济全球化、森林面积突减等潜在的环境威胁在逐步增加。威胁生态安全的环境污染具有跨国性和全球性,一个区域内的不同国家,在生态环境污染问题上形成一个共享的整体,不同国家之间的经济社会政治关系受到生态环境问题的影响。生态安全问题引起了联合国及一些发达国家对人类生存环境与国家利益关系的关注,使人类开始对自身生存的"安全"和"威胁"问题有了很大的认识改变,逐渐意识到了生态安全问题的重要性和紧迫性。生态环境系统是无法从其他地方调进的自然资产,生态系统服务功能的破坏将使人类失去生命支持的根基。

我国生态安全问题的提出始于20世纪90年代后期,产生的主要背景有:国内生态环境恶化、生态赤字膨胀、自然灾害加剧,我国西部大开发的生态环境保护与建设问题,俄罗斯和西方国家的生态环境安全理论与实践在我国的反响等。[1]

## 二、生态安全角度的企业社会责任管理相关因素分析

### (一)生态安全角度的企业社会责任管理相关理论

1. "三生共赢"原理

"三生共赢"原理是指生产、生态与生活的共同发展,三者之间是相

互联系、彼此影响、相互促进的。人与自然环境所构成的整个系统，主要是由人的生产子系统、生态子系统与生活子系统来构成的，生产、生态与生活分别代表这三个子系统的主要特征。"三生共赢"就是将人类经济社会的发展目标定位于生产、生态与生活三者协调共生发展，表现为生产发展、生态改善与生活提高，这符合科学发展观的自然规律，能促进人类经济、社会与环境的可持续发展。

2. 利益相关者理论

企业主要目标是追求利润最大化，企业的本质是利益相关者的契约结合体，它是由一系列的利益相关者来组成的，参考波特的五力竞争模型，可以知道具体有企业股东、企业管理者、企业职工、供应商、客户、竞争者、潜在进入者等。因此，企业社会责任管理模式创新，首先应以利益相关者理论为研究依据。随着企业自身的发展，利益相关者会不断扩大，企业要尽可能满足大多数利益相关者的利益，承担和执行企业的社会责任。[5]

3. 博弈论

企业不是单独存在于自身经济生态环境中，而是企业与政府部门、社会组织彼此互动、相互作用，并影响着企业社会责任的执行。企业担当什么样的社会责任，担当到什么程度，以什么方式担当，是企业与职工、政府部门、社会组织之间反复进行博弈的过程以及由此而达成的共识。企业、政府、社会三者之间进行博弈，博弈的结果将是企业和政府部门从自身利益最大化出发，做出不利于社会组织和公民的行为，而我们期望的是企业、政府部门和社会组织及公民的全部利益化。[6]因此，企业社会责任必须要从社会发展角度进行分析，通过对企业社会责任的规范要求和监督执行，来最大限度地减少对社会组织和公民利益的损害，从而使企业、政府部门、社会组织和公民的利益达到有机均衡与统一发展。

4. 可持续发展理论

可持续发展是遵循科学发展观的，最初是1972年提出的，是重视长远发展的经济增长模式，主要是指既能满足当代人的需求，又不威胁后代人满足其需求的发展。我们为了人与自然的和谐发展，为了人类的长期的可持续发展，就要寻求经济发展、社会发展与环境发展的长期可持续发展的平衡点，这就要求企业能够担当起其社会责任，保护好生态环境，为实现人类的经济、社会、环境的科学的可持续发展尽职尽责。

### （二）生态安全角度的企业社会责任管理相关因素

1. 基于 PEST 方法的企业社会责任管理影响因素

企业社会责任管理是一个复杂系统，受多方面多因素的影响和制约。如图 4-18 所示。基于 PEST 外部环境分析法，以生态安全为中心，以生态环境保护为核心，以资源环境承载力为基础，分析企业社会责任影响因素，不仅要考虑政府法律环境因素、经济环境因素、社会文化环境因素、技术环境因素，还要把生态环境因素考虑进去，并考虑它们与生态环境因素之间的彼此协同关系。企业社会责任的执行受社会经济和生产力发展水平的制约，反过来企业社会责任的执行也会影响社会经济和生态环境的发展；同时政治法律环境因素、社会文化环境因素和技术环境因素、经济环境因素也会影响到企业社会责任的贯彻和执行力度，企业社会责任管理受外部宏观环境的多方面因素的综合影响。[7]

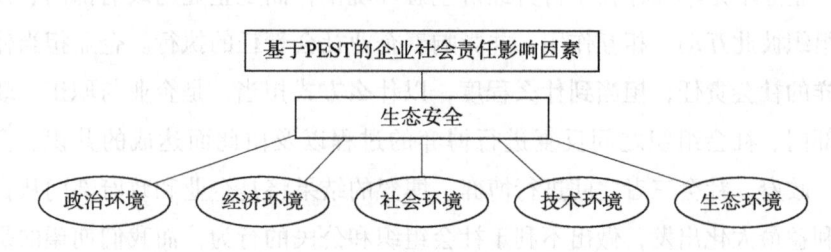

**图 4-18 基于 PEST 的企业社会责任管理影响因素**

2. 基于波特模型的企业社会责任管理影响因素

企业社会责任管理是一个整体系统，影响因素不仅包括企业外部环境，还包括企业内部环境，所以我们在上面基于 PEST 方法分析企业外部一般环境的基础上，不仅要结合 SWOT 分析，来分析企业内部自身资源的优势、劣势以及外部环境的机会、威胁，而且还要基于波特模型来分析企业社会责任管理的影响因素。波特模型也称为五力模型，是由战略权威、美国人迈克尔·波特（Michael E. Porter）提出的。此模型认为存在决定竞争规模和程度的五种力量,它是用来分析企业竞争特征的一种有效工具,这五种竞争力量是供应方的讨价议价能力、买方的讨价议价能力、替代品的威胁、潜在进入者的威胁、行业内现有企业间的竞争。因为企业社会责任管理是一个复杂的整体系统,所以企业社会责任管理的影响因素除了外部宏观环境中的政治法律因素、社会文化因素、经济因素、技术因素、生态环境因素外,还包括企业内部的自身资源的优势和劣势情况,以及企业所在行业内的现有企业间和潜在进入企业间的关系因素,还包括企业产业链的供应商、顾客和替代品等相关因素。[8]

3. 基于生态位的企业社会责任管理影响因素

企业能够盈利的关键在于有区别于竞争对手的独特的竞争优势,无论是通过产品差异化还是通过降低产品成本,目的是能够给市场提供区别于竞争对手的产品或服务。生态位一般是指物种在生物群落中的生活方式及它们在时间上、空间上占有的地位。目前的企业竞争很激烈,生态位重叠是其主要原因之一,所以需要基于生态位理论,采取生态位分离和生态位错位等手段来舒缓竞争。基于生态位的企业社会责任管理影响因素分析,要考虑企业生态位生态因子的维度、生态位的重叠与分离等。既要考虑该企业在特定时期与特定环境中所占据的空间位置,也要考虑该企业在此环境下拥有的自然资源与社会资源等,企业通过自己的空间生态位、时间生态位与业态生态位的定位,适时调整自己的经营目标、经营策略和经营规模等,采取错位生产与借位生产等方式,在企业追求自身利益的同时,尽心尽力执行好社会责任,保护好整个生态环境,最大限度地避免恶性竞争,为自己赢取生存发展的空间和时间,促进企业的长期的可持续发展。[9]

## 三、生态安全角度的企业社会责任管理模式创新

### (一)基于生态安全的企业社会责任管理"五位一体"模式

由以上的分析可以知道从生态安全角度,基于PEST方法的企业社会责任管理影响因素有政治法律环境因素、社会文化环境因素、经济环境因

素、技术环境因素以及生态环境因素，鉴于此，我们构建基于生态安全的企业社会责任管理"五位一体"模式，从政治法律管理、社会文化管理、经济管理、技术管理和生态环境管理五个方面来同时加强企业社会责任管理，如图4-19所示，具体表现为：通过行政管理、政务信息、决策程序及健全有效的法律法规、工作机制等建立民主的政治法律环境，通过社会保障、文体教卫、生活品质、绿色低碳消费观和价值取向等建立和谐的社会文化环境，通过绿色产业、产业结构优化、一二三产业体系等建立高效的经济环境，通过科研创新、技术研发、自主创新、开发新能源等绿色低碳技术建立创新的技术环境，通过大气质量、碳足迹、绿地覆盖率、食品安全、人均水资源及垃圾处理率等建立健康的生态环境，只有这样才能促进政治法律、社会文化、经济、技术和生态环境"五位一体"的和谐统一发展，才能更好加强企业社会责任管理。

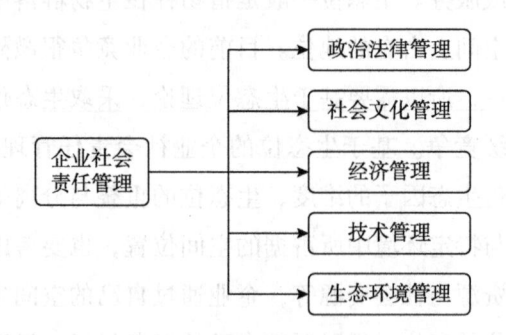

图4-19　基于生态安全的企业社会责任管理"五位一体"模式

## （二）基于生态安全的企业社会责任管理"三维一体"模式

在以上探讨分析的基础上，本书的基于生态安全的企业社会责任管理"三维一体"模式主要是指以企业为中心，政府、企业、社会三者合力互动发展，有政府责任、企业责任和社会责任，政府部门、企业和社会组织共同参与、互动发展，如图4-20所示。具体有，加强政府管理和监督机制、完善健全法律法规制度、加强思想教育和舆论宣传，在政府政策的正确有力引导下，加大绿色管理体制改革力度，加快推进新能源体制改革，推动可再生能源发展的机制建设，充分调动和发挥企业的中坚力量，加强企业文化建设和核心竞争力，提高职工福利待遇、企业盈利能力和产品服务能力，加强科研院所和企业的合作共赢，加强企业的自主创新能力，以市场为主导，以资源为基础，加强社会伦理道德、社会监督和责任评价管理体系，在全社会形成绿色低碳价值取向，以崭新的绿色低碳理念来进行企业社会责任管理，在政府推动、企业自律和社会参与这三者之间加强彼此互动，提高经济绩效和社会绩效，提高企业社会责任管理效果。

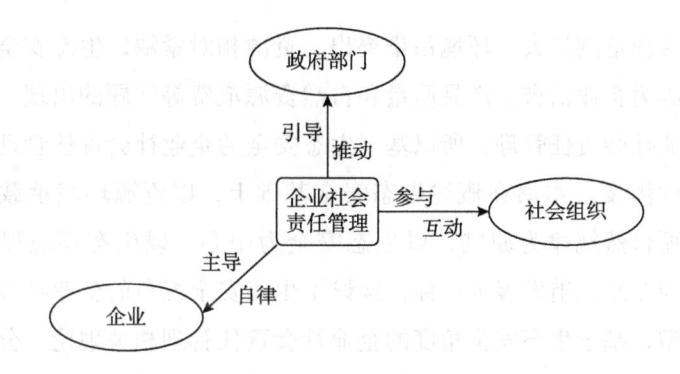

图 4-20　基于生态安全的企业社会责任管理"三维一体"模式

## （三）基于生态安全的企业社会责任管理"三生共赢"模式

鉴于以上的探讨分析，本书构建基于生态安全的企业社会责任管理"三生共赢"模式，主要是以生态安全为中心，以生态文明建设为核心，以生态环境保护为出发点，以资源环境承载力为基础，以遵循自然规律为原则，以人与自然和谐发展为目标，基于生产、生态、生活"三生共赢"原理，如图 4-21 所示。正确处理好经济社会发展同生态环境保护的关系，着力扩大环境容量生态空间，寻求既能保护环境、又能促进经济社会发展的方案，发展绿色低碳经济，用"经济绿色化"带动"绿色产业"，在经济领域形成科技含量高、资源消耗低、环境污染少的产业结构和生产方式，把生态文明纳入社会主义核心价值体系，在社会领域形成绿色低碳消费价值观，加快技术创新和结构调整，促进资源节约循环高效利用，加强自然生态系统和环境保护，提高企业的经济效益、社会效益和环境保护，追求生产发展、生态改善、生活提高，实现生产、生态、生活三者一体的共赢，加强企业社会责任管理，促进经济、社会和环境的可持续发展。

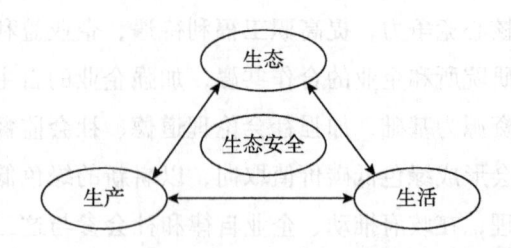

图4-21 基于生态安全的企业社会责任管理"三生共赢"模式

随着雾霾范围扩大、环境污染突出、资源相对紧缺，生态安全问题被提出，又因为企业信誉、产品质量和自然资源浪费等问题的出现，迫切需要加强企业社会责任管理，所以基于生态安全的企业社会责任管理是当今经济社会的需要。本书在概述生态安全基础上，以资源环境承载力为基础，以遵循自然规律为原则，以生态安全为中心，以生态环境保护为核心，以人与自然和谐发展为目标，探讨了生态安全视角的企业社会责任管理层次模型，基于生态安全角度的企业社会责任管理相关理论，分析了生态安全角度的企业社会责任管理相关因素，最后提出了基于生态安全的企业社会责任管理"五位一体"模式、"三维一体"模式和"三生共赢"模式，加强企业社会责任管理模式创新，促进生产、生态、生活"三生共赢"发展，促进经济、社会和环境可持续发展。

## 参考文献

[1] 陈星，周成虎. 生态安全：国内外研究综述 [J]. 地理科学进展，2005，24（6）：8-20.

[2] 赵艳荣，叶陈毅，李响. 基于战略视角的企业社会责任管理研究 [J]. 企业经济，2012（9）：35-38.

[3] 李晏墅，周祎卿. 企业社会责任的生态模型——基于演化轨迹及机理分析 [J]. 福建论坛（人文社会科学版），2009（8）：9-12.

[4] HILSON G. Corporate Social Responsibility in the extractive industries: Experiences from developing countries [J]. Resources Policy, 2012, 37 (2): 131-137.

[5] 肖维歌. 企业社会责任及其动力机制的经济学分析 [J]. 商业经济研究，2010（22）：75-76.

[6] 杜兰英，杨春方，吴水兰，等. 中国企业社会责任博弈分析 [J]. 当代经济科学，

2007, 29 (1): 95 - 98.

[7] LIOUI A, SHARMA Z. Environmental corporate social responsibility and financial performance: Disentangling direct and indirect effects [J]. Ecological Economics, 2012, 78: 100 - 111.

[8] GOERING G E. Corporate social responsibility and marketing channel coordination [J]. Research in Economics, 2012, 66 (2): 142 - 148.

[9] 单汨源, 李果, 陈丹. 基于生态位理论的企业竞争战略研究 [J]. 科学学与科学技术管理, 2006 (3): 159 - 163.

# 第五章 生态位的京津冀区域经济发展

## 第一节 京津冀经济一体化发展战略

### 一、经济一体化的概念

区域经济一体化是指两个或两个以上的国家或者地区，通过制定相关政策和签订协议，缔结经济发展互助合作关系，形成一个区域性经济联合体的过程。[1]学者孟庆民 2001 年提出区域经济一体化就是不同的空间经济主体之间为了生产、消费、贸易等利益的获取，产生的市场一体化的过程，包括从产品市场、生产要素（劳动力、资本、技术、信息等）市场到经济政策统一逐步演化。[2]

具体来说，为了取得经济发展，不同空间的经济主体互相合作，通过区域规划和区域分工措施优化资源配置，带动商品、资本、技术、信息、服务等生产要素跨国界、跨区域流动，将各个区域的生产市场和产品市场相互结合，资源共享，促进区域市场一体化发展。一般来说，经济一体化是一个包含生产市场、产品市场以及经济政策等众多资源要素的复杂系统，其最终目的是优化区域经济空间格局，实现跨区域协调发展。

### 二、京津冀经济一体化发展历程

在经济全球化的背景下，众多世界性区域集团组织的发展强大导致经济市场竞争逐渐强烈，区域经济一体化已成为当今世界经济发展的重要趋势。京津冀经济一体化发展，可以促进区域产业结构的整合，加强产业分工与互补，实现城市群整体和各城市经济效益最大化。随着全球经济化进程的加快，区域经济一体化已经成为国内外推动地区经济发展的主导力量。

京津冀地区城市群的国土面积超过 20 万平方千米，人口规模达到 1.1 亿，以 2%的土地面积聚集了全中国 8%的人口，包括北京市、天津市以及河北省 11 个地级市。在地理位置方面，京津冀三地紧密连接，河北省环抱北京、天津，是京津地区的腹地；在自然资源方面，面积辽阔、地势平坦，拥有种类繁多、数量丰厚的自然资源；在行政区划方面，北京为首都，天津为直辖市；在人文方面，京津冀三地人口流动频繁，有相近的文化习俗。[1]京津冀地区不仅是北方最大的产业密集区域，也是重要的交通枢纽地带，同时有先进的科研技术以及丰厚的历史文化，是 21 世纪我国最重要的区域经济发展地区之一。京津冀地区合作主要经历发起、达成共识、初步发展和加速发展四个阶段。

1. 京津冀区域合作发起阶段（1986—2003 年）

1986 年，在时任天津市市长李瑞环牵头倡议下，环渤海地区 15 个城市共同发起成立了环渤海地区经济联合市长联席会，被认为是京津冀地区最正式的区域合作机制。京津冀都市圈的概念被首次提出，但并没有被作为国家的重大战略，因此，在相当长的一段时间京津冀地区内统筹发展仍然存在不少矛盾，河北的经济发展水平与北京、天津差距十分明显。[4]

2. 京津冀三地达成共识阶段（2004—2009 年）

2004 年 2 月，国家发展改革委召集京津冀三省市发改部门在廊坊召开京津冀区域经济发展战略研讨会，就京津冀经济一体化的一些原则问题达成"廊坊共识"；同年 6 月，国家发展改革委、商务部和京、津、冀、晋等 7 省区市领导在廊坊达成《环渤海区域合作框架协议》，并成立环渤海合作机制的三层组织架构；2005 年，国务院批准在河北省曹妃甸建设一个具有国际先进水平的钢铁联合企业，作为首钢搬迁的载体及京津冀都市圈乃至全国的重化工基地和能源枢纽港，天津滨海新区的开发开放也开始加速，积极推进与京津冀地区各省市的交流合作；2006 年，京津冀地区发展问题被纳入"十一五"规划之中，京津冀都市圈的规划编制正式启动；2008 年，京津冀发展改革委共同为京津冀都市圈谋求发展，在区域协调和沟通等方面提出意见，京津城际列车开通为区域合作进一步发展奠定重要基础。2009年，京津冀三地交通部门签订《京津冀交通一体化合作备忘录》，三地在交通一体化、城乡规划协调发展以及旅游共享合作方面取得积极进展。

3. 初步编制区域发展规划阶段（2010—2013年）

2010年5月，京津冀的规划部门共同签订《关于建立京津冀两市一省城乡规划协调机制框架协议》；2011年3月，国家"十二五"规划纲要中提出要"打造首都经济圈"；2010年至2013年京津冀三地在旅游规划方面签订《环渤海区域旅游发展总体规划》《京杭大运河旅游总体规划》《泛金海湖京津冀金三角旅游规划》等一系列规划，都对京津冀的区域合作起到了推动作用。

4. 区域协同加速发展阶段（2014年至今）

2014年1月，北京市在《政府工作报告》中提出要落实国家区域发展战略，积极配合编制首都经济圈发展规划，主动融入京津冀城市群发展。2014年2月，习近平主持召开京津冀三地协同发展座谈会，将京津冀协同发展上升为国家战略；同年3月5日，李克强总理所做的首份施政报告提出将"加强环渤海及京津冀地区经济协作"写入2014年重点工作；同年3月25日，《京津冀蓝皮书》在京发布。2015年4月30日，中共中央政治局根据经济形势和经济工作状况，审议通过《京津冀协同发展规划纲要》；同年7月，京津冀三地商务部门在天津签署《关于进一步推动落实京津冀市场一体化行动方案的天津共识》，重点推进北京非首都功能疏解、加强电子商务发展等十个方面合作。2016年2月，《"十三五"时期京津冀国民经济和社会发展规划》印发实施，作为全国第一个跨省市的区域"十三五"规划，明确了京津冀地区未来五年的发展目标。2017年，河北省雄安新区开始投入建设，2018年4月，《河北雄安新区规划纲要》正式提出。自2014年正式提出京津冀协同发展战略以来，三地在疏解北京非首都功能、生态环境保护和交通路网建设等方面已取得丰硕成果，现阶段，区域协调发展由追求经济发展速度转向提升经济一体化发展的质量和水平。[3]

## 第二节 京津冀经济一体化发展水平分析

### 一、近十年京津冀整体发展水平纵向对比

通过查询国家统计局、天津统计局、北京统计局和河北省13个城市的统计局和政府网站，得到京津冀地区2009—2018年的经济数据，对京津冀三省市地区生产总值、全社会固定资产投资、居民消费水平、产业结构和就业水平五个经济指标进行对比分析，纵向对比京津冀地区经济状况，观察其经济发展特点。可以发现，京津冀三地的产业结构不断优化，社会生产力和人民生活水平逐步提高，经济发展均呈现出良好的增长态势，但是三地经济实力和发展潜力仍存在明显差距。

#### （一）地区生产总值

2018年，全国GDP总量900309亿元，京津冀地区GDP总量为85139.89亿元，约占全国十分之一，河北省人均GDP仍然不及全国人均水平。通过图5-1、图5-2可以看出，近十年来京津冀地区生产总值以及人均地区生产总值的发展状况与特征。

1. 地区生产总值

在地区生产总值方面，三省市的GDP均呈上升的状态。但是，河北省的GDP明显高于北京市与天津市，这主要是由于京津冀三地的人口基数和行政面积不同所导致，河北省地域面积在三地之中最为广阔，2018年末常住人口7556万，超过北京市和天津市总人口的两倍。

北京的地区生产总值一直保持稳健上升；天津地区的地区生产总值增速较慢，尤其是2014年京津冀协同战略正式实施以后，GDP增速相对前几年明显放缓，天津市2014年GDP增速8.9%，2017年下降为3.7%，并且继续下降至2018年的1.4%。分析原因，可能是因天津的产业结构不合理所致，天津第二产业发达，尤其是重工业生产产值一直在天津的地区生产总值中占比较大，这与京津冀地区协同建立在绿色发展基础上的发展路

径相违背，2015年天津的第二产业增加值7704.22亿元，同比减少0.4%，2018年天津第二产业增加值7609.81亿元，相对于2014年降低1.6%，天津市正经历由传统的制造业向高端制造业和现代化服务业发展的过程，导致经济整体发展受到较大影响。

河北省的GDP变化趋势与天津市形成鲜明对比，以2014年作为转折点，2014年之前经济发展增速明显放缓，2014年之后河北省的GDP增长明显提速，显然京津冀协同发展战略为河北注入了强劲的发展动力，这可能是因为北京市和天津市众多产业纷纷向河北转移，同时为河北带来人才回流和优质资源，推动河北社会经济发展。

**2. 人均地区生产总值**

在人均地区生产总值方面，河北省与京津两市差距明显，河北省庞大的人口基数直接导致其人均GDP远远低于天津市与北京市，经济发展状况与人民生活水平相对落后。其中，北京的人均地区生产总值一直保持稳健上升且2014年以后增速明显加快，这是由于京津冀协同发展战略实施以后，津冀两地积极有效承接疏解北京的非首都功能。天津市在2010年以后人均GDP高于北京，这主要是由于首都北京吸引人口聚集导致人口基数大量增加，2015年以后北京的人均GDP重新高于天津，说明京津冀协同发展战略对北京非首都功能疏解效果显著。

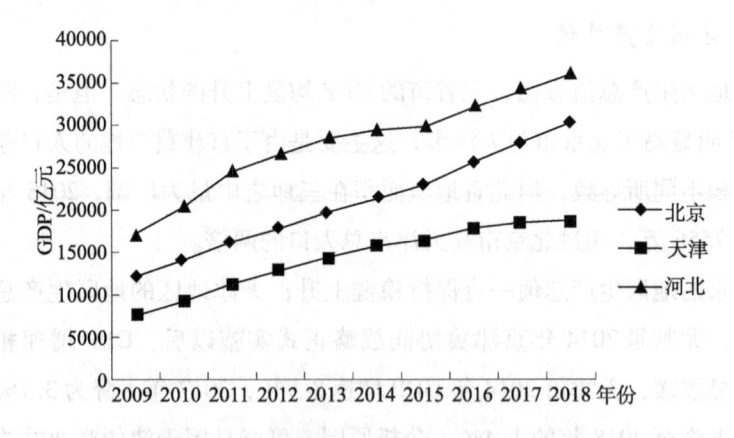

图5-1 京津冀区域地区GDP变动情况

资料来源：国家统计局。

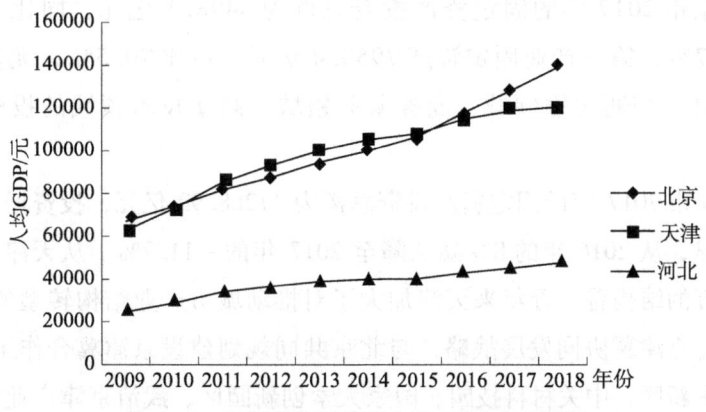

图 5-2 京津冀区域地区人均 GDP 变动情况

资料来源：国家统计局。

## （二）全社会固定资产投资

图 5-3 为 2008—2017 年京津冀地区全社会固定资产投资变动情况，全社会固定资产投资是社会固定资产再生产的主要手段，是促进国民经济增长、改善人们物质文化生活的重要因素。2017 年京津冀地区城市群整体的固定资产投资总额为 53000 亿元。除天津市 2017 年略微下降以外，京津冀三省市的固定资产投资均保持稳定增长，其中河北的固定资产投资力度明显高于北京和天津。

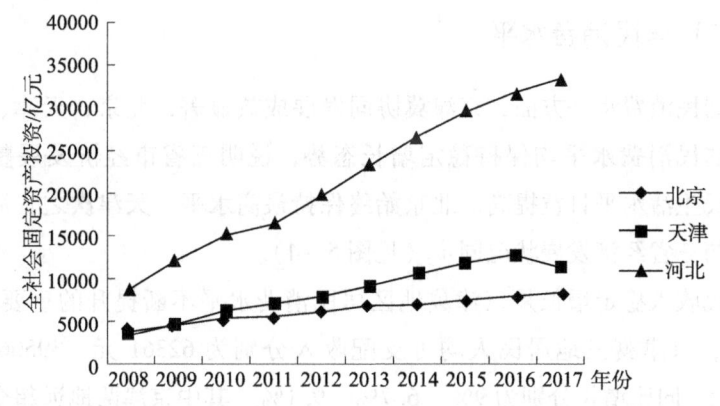

图 5-3 京津冀区域全社会固定资产投资变动情况

资料来源：国家统计局。

北京市2017年的固定资产投资总额为8498.1亿元，同比上一年增长5.7%，第三产业固定资产7958.4亿元，占比70.5%，尤其是在能源领域、交通运输领域、商务服务领域、高新技术领域的投资力度较大。

天津市2017年的固定资产投资总额为11288.92亿元，投资增长速度下降明显，从2016年的8%猛然降至2017年的-11.7%。从天津市固定资产投资的结构看，近年来天津加大了对推动城市产业结构转型的投资，积极参与京津冀协同发展战略，与北京共同规划建设京津冀合作示范区，建设滨海新区、中关村科技园、国家大学创新园区、武清京津产业新城等一系列京津冀协同发展工程。

河北省的全社会固定资产投资始终处于遥遥领先的地位，河北2017年的固定资产投资总额为33406.8亿元，同比上一年增长5.2%，是北京的3.99倍，是天津的2.96倍。分析原因，河北省具有行政面积和人口优势，同时积极响应京津冀地区协同发展战略，将产业向绿色、低碳转型升级，投资建设一系列促进京津冀地区协调发展重点工程，加大生态联防联控，加大雄安新区的开放开发，河北省社会经济基础丰厚，拥有较强的抗风险能力。北京为有效向外疏解非首都功能，关闭或向外迁移大量产能低下的产业企业，集中力量发展高新技术、创意文化等具有高附加值的产业，天津也向河北投入大量资金、人才、技术等生产要素。

## （三）居民消费水平

在居民消费水平方面，京津冀协同发展成效显著，北京、天津、河北三省市居民消费水平均保持稳定增长态势，说明三省市经济发展整体向好，人民生活水平日益提高。北京始终保持最高水平，天津次之，河北最低，这与三省经济发展状况同步（见图5-4）。

居民收入稳定增长是京津冀地区居民消费水平不断提升的重要原因，2018年，京津冀三地居民人均可支配收入分别为62361元、39506元和23446元，同比增长分别为9%、6.7%、9.1%，其中京津两地远超全国均值，河北省低于全国均值。从城乡结构看，2018年三地城镇居民人均可支配收入分别为67989元、42976万元和32977万元，农村居民人均可支配收入分别为 26490 元、23065 元和 14031 元，城乡收入差异明显，城镇化水平有待提高。随着京津两地社会保障系统逐步完善和金融服务业迅速发展，居民收入渠道多元化发展，为居民注入收入新动力。河北省各城市陆续出台多项增资政策，并提高了最低工资标准、最低生活保障标准、企业工资指导线等，财产净收入和转移净收入均大幅度提升，成为促进居民增收的新贡献因素。

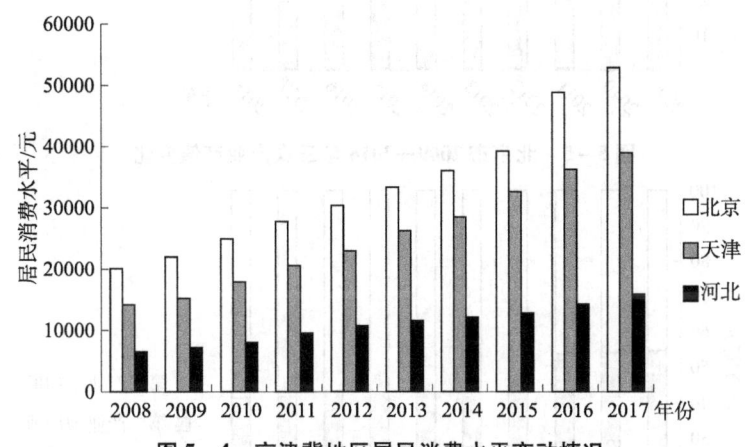

图 5-4 京津冀地区居民消费水平变动情况

资料来源：国家统计局。

## （四）产业结构

京津冀三地虽然具有紧密的地缘关系，但是在产业结构和发展水平上仍具有较大差异。[5]自 2014 年以来，京津冀地区积极开展了形式多样的产业对接活动。北京城市副中心主要承接市属行政事业单位转移，促进行政办公、商务服务、文化旅游、科技创新等主导产业发展，雄安新区的建设以打造创新高地和科技新城为目标，积极发展高端高新产业。图 5-5、图 5-6、图 5-7 分别为北京市、天津市和河北省 2009—2018 年的三次产业产值变化情况，可以反映三省市产业结构变化及特点。当前，北京市已经进入后工业化阶段，第三产业占比高达 81%，天津市次之，河北省工业化程度最低，三地工业化水平有明显差距。[6]

图 5-5 北京市 2009—2018 年三次产业产值变化

图 5-6 天津市 2009—2018 年三次产业产值变化

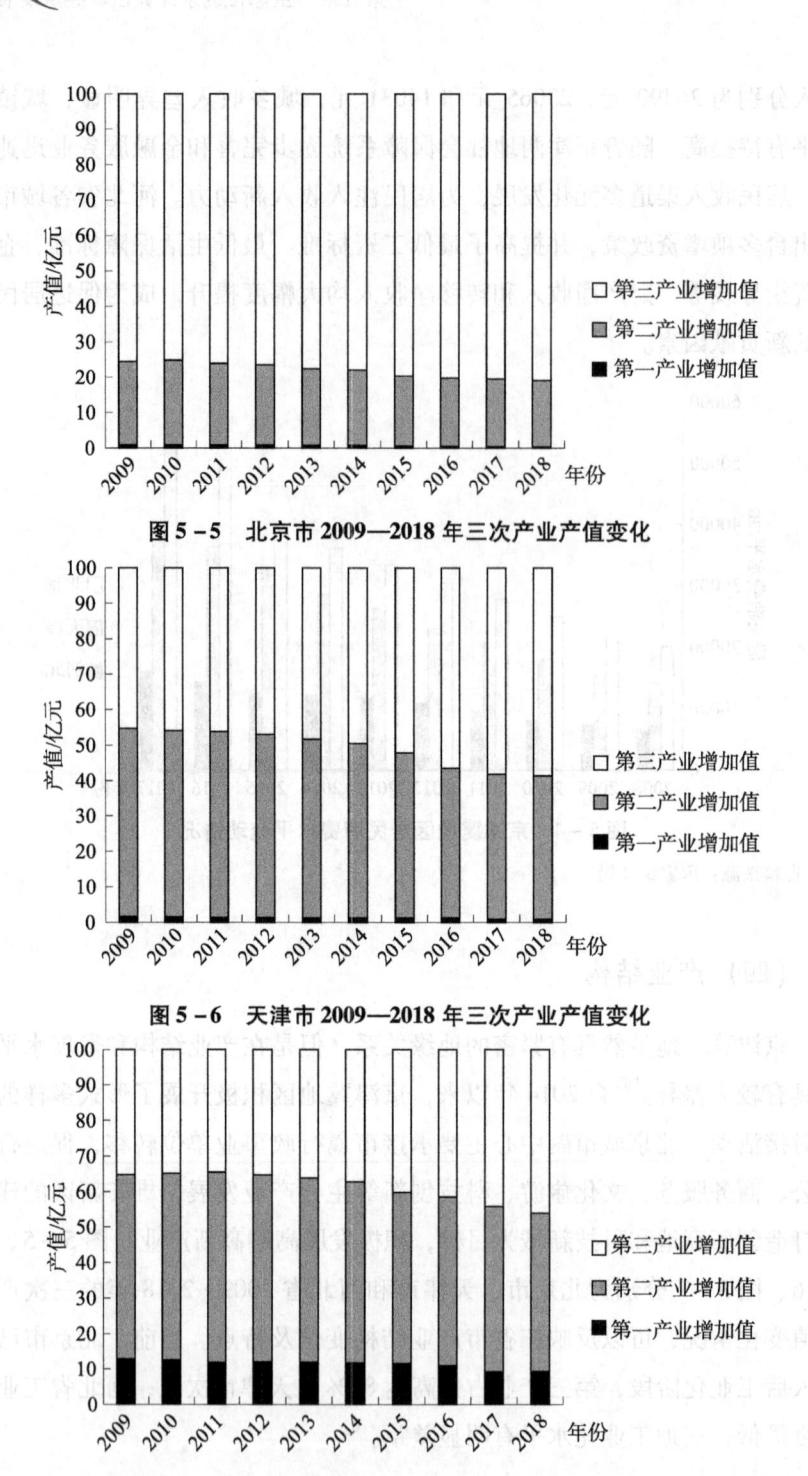

图 5-7 河北省 2009—2018 年三次产业产值变化

北京市第三产业始终保持大幅度增长，2018年第三产业产值高达24553.64亿元，同比增加8.9%。在经济发展过程中，北京市第一产业所占比重越来越低，2015年开始甚至不足1%，2018年仅占0.4%，北京市注重高端服务业和新兴技术产业发展，农业基本退出，形成了以新兴产业为主的产业结构。天津市产业结构中，第二产业始终保持较大比重，2014年以前呈现"二三一"的特点，从2014年京津冀协同发展战略正式提出以后，第三产业增速明显增加，占比超过第二产业，2018年第三产业增加值11027.12亿元，同比增长2.2%，京津冀地区协调发展带动天津经济高速发展，2018年京冀来津投资资金总计1233.88亿元，占全市实际利用内资的46.4%，京津两地签订项目591个，协议投资额1155.6亿元。河北省在京津冀地区协调发展模式下，将产业向绿色、低碳转型升级，积极发展第三产业，加工制造业仍较为发达，2018年河北省第三产业比重超过第二产业，分别为46.2%和44.5%（见图5-8）。

**图5-8　北京、天津、河北2018年三次产业增加值结构**

资料来源：国家统计局。

## （五）就业水平

从整体上看，京津冀地区2018年就业人员数量较2014年均大量增加，说明京津冀协同发展推动各地的产业发展，就业机会不断增多，就业趋势向好。

基于人口基数和地域面积优势，河北省就业人员数量始终保持第一，北京其次，天津第三。其中，北京市就业人员数量保持平稳增长，就业增长率均为正值，这是因为北京就业状态已经饱和，变动较小。京津冀协同发展为河北提供了新的就业岗位，带来大量新的就业机会，2014—2015年，河北省就业人员增长速度一直保持较高水平，近几年变缓，2018年就业人员数量甚至开始降低（见图5-9）。图5-10为京津冀区域2014—2018年的城镇登记失业率变动情况，北京市的失业率低于2%，始终保持在较低水平，天津市的失业率为3.5%，河北省的失业率在三省市间相对较高，主要是因为河北省周边承德、衡水等小城市发展较为落后，贫困人口过多。总体而言，北京和天津两市的就业机会和就业条件远远优于河北省。

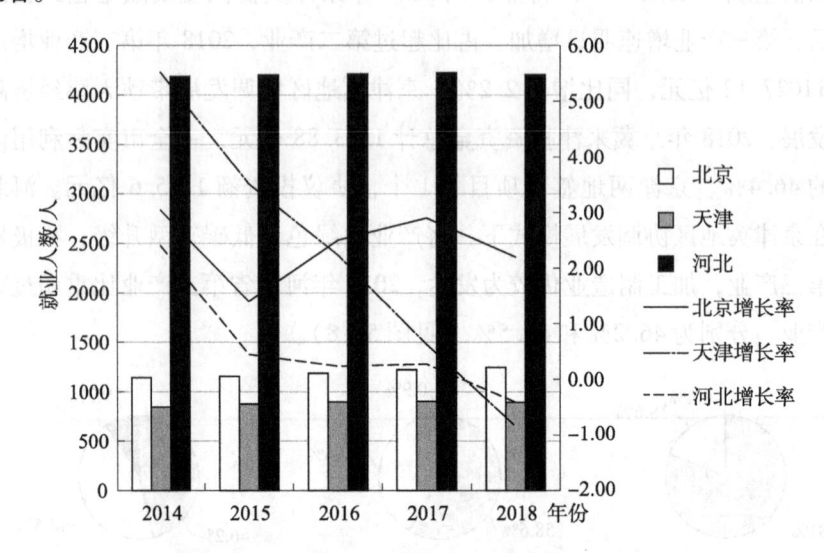

图5-9 京津冀2014—2018年就业人员数量和就业人员增长率变动情况

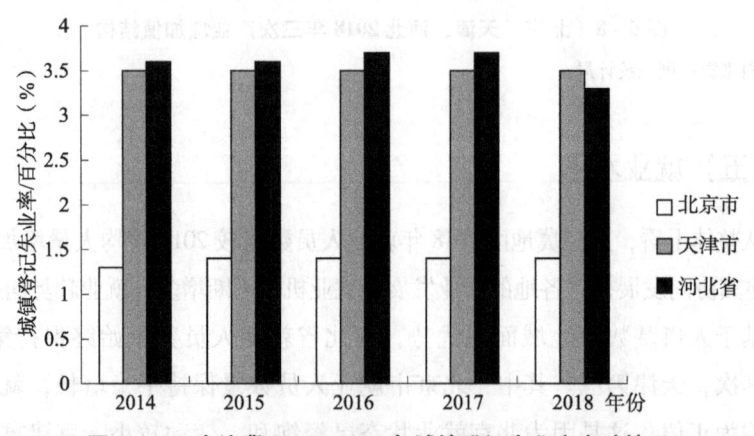

图5-10 京津冀2014—2018年城镇登记失业率变动情况

资料来源：国家统计局。

## 二、京津冀内部城市发展水平对比分析

京津冀地区城市群经济一体化协调发展是区域共同提高经济效益的重要手段，突破传统思维局限和行政规划界限，优化京津冀地区城市群内部的各类资源配置以及各资源要素的组合，是形成"1+1+1>3"的区域协同发展模式，促进区域内部经济效益大幅度提高的基本思路。通过对京津冀地区内部13个城市2018年地区生产总值、居民人均可支配收入和三次产业增加值的具体数据及其增长速度进行分析，综合评价京津冀地区经济发展状况，观察京津冀协同发展战略下各省市的同步、协调和互助式发展现状。[7]

在地区生产总值方面，2018年京津冀地区的GDP总量85139.89亿元，北京市、天津市分别为30319.98亿元、18809.64亿元，河北省11个城市总计36010.27亿元，占比仅42.3%，其中超过6000亿的仅有石家庄市和唐山市，少于2000亿的有4个城市，可见河北省各个城市的经济状况仍然远远落后于北京和天津两市；从GDP增长速度来看，2018年北京市GDP增速最快，达到8.2%，河北省的石家庄、唐山、保定、秦皇岛、张家口和邢台6个城市的增速均超过7%，其余5个城市也都以超过6%的速度增长，天津市的增速最慢，仅1.4%，将13个城市按GDP的增速由高到低排名依次是：北京市、张家口市、承德市、秦皇岛市、唐山市、保定市、邢台市、衡水市、邯郸市、廊坊市、沧州市、承德市、天津市。在京津冀经济一体化发展战略的推动下，北京市2018年的重点工程项目中，涉及京津冀协同发展的项目高达88个，占比接近三分之一，有力地推动了北京非重点产业企业向外疏解转移和高精尖产业发展，促进经济总量大幅度增长。雄安新区的规划建设启动以及京津两地纷纷向河北进行产业转移，给河北带来大量资源投入、科技投入和人才投入，使河北省11个城市的经济发展速度均保持较高水平。

在居民人均可支配收入方面，2018年北京人均可支配收入超过6万元，同比增加9%，天津人均可支配收入接近4万元，同比增加6.7%，河北省各市人均可支配收入不足3万元，同比减少8.4%，京津冀地区居民收入水平和生活质量呈现"北京远远优于天津，天津明显优于河北"的局

面。北京市经济水平和发展状况始终保持领先地位，虽然河北省2018年各市GDP增速远大于天津市，但是由于河北省巨大的人口基数和落后的社会经济基础，京津冀地区13市的经济存在明显差距，导致城市群内部居民可支配收入的巨大差距。

在产业结构方面，京津冀地区产业结构不断优化，三大产业增加值占比呈现"第三产业＞第二产业＞第一产业"的局面。第一产业增长较为平稳，第二、第三产业大幅度增加，对经济发展贡献突出。从整体来看，京津冀2018年第一产业增加值总计3629.4亿元，京津冀的第一产业产值保持平稳上升，结构趋优向好，现代农业、生态农业、林业等产值比重均实现逐年提高。分城市看，其中北京第一产业增加值为118.69亿元，天津第一产业增加值为172.71亿元，河北第一产业增加值为3338亿元，石家庄和唐山的第一产业发展增加值较高，分别为645.02亿元、420.5亿元，河北省11个城市的第一产业增加值均大于北京市和天津市，总体产业结构较为落后，经济活力较弱。京津冀地区第二产业较第一产业发展更为迅速，2018年第二产业增加值总计29297.52亿元，是第一产业的8.07倍。其中，天津市第二产业最发达，增加值最高，为7609.81亿元，占据京津冀地区总值近三分之一，其次是北京、唐山和石家庄市第二产业较为发达，剩余9市第二产业产值较低，秦皇岛、张家口、承德、邢台和衡水5市2018年第二产业增加值甚至不足1000亿元。从整体上看，京津冀地区第三产业成为发展核心，2018年第三产业增加值总计52212.97亿元，是第一产业增加值14.39倍，是第二产业增加值1.78倍。从城市角度看，只有北京市和天津市增加值过万亿元，北京甚至达到24553.64亿元，其余11个城市以石家庄市为峰值，为3376.7亿元，由此可见，13个城市第三产业发展严重不平衡，先进资源技术主要集中在北京和天津两个核心城市（见表5-1）。

综上所述，京津冀地区经济发展严重失衡，河北省内11个城市与京、津两地差距悬殊，仍然是"京津双核心+河北11市落后"格局，天津发展处于尴尬期，河北经济发展增速远远落后于北京。河北、北京和天津的经济发展差距会继续扩大，河北虽然发展速度加快，但由于人口基数庞大，基础薄弱，产业结构较为落后，与北京和天津差距仍然明显，短期内要实现与京津两地同步发展仍然存在很大压力。京津冀经济一体化的优势存在明显不足，京津冀地区协同发展仍有很大的发展空间。

表 5-1  京津冀地区城市群 13 个城市 2018 年经济数据对比情况

| 城市名称 | 地区生产总值（亿元） | 同比去年增长（%） | 居民人均可支配收入（元） | 同比去年增长（%） | 第一产业增加值（亿元） | 第二产业增加值（亿元） | 第三产业增加值（亿元） |
|---|---|---|---|---|---|---|---|
| 北京市 | 30319.98 | 8.2 | 62361.22 | 9 | 118.69 | 5647.65 | 24553.64 |
| 天津市 | 18809.64 | 1.4 | 39506.15 | 6.7 | 172.71 | 7609.81 | 11027.12 |
| 河北省 | 36010.27 | 5.9 | 23445.65 | -8.4 | 3338 | 16040.06 | 16632.21 |
| 石家庄市 | 6082.6 | 7.4 | 26839 | 8.9 | 645.02 | 2285.5 | 3376.7 |
| 唐山市 | 6955.0 | 7.3 | — | — | 420.5 | 5088.55 | 2520.67 |
| 保定市 | 3070.9 | 7.0 | 21708 | 10.5 | 323.3 | 1276.1 | 1471.5 |
| 秦皇岛市 | 1635.56 | 7.3 | 24555 | 9.3 | 203.26 | 542.05 | 890.26 |
| 张家口市 | 1536.6 | 7.6 | 21830 | 11.5 | 226.6 | 518.4 | 791.6 |
| 承德市 | 1481.5 | 6.4 | 19677 | 10.8 | 267.3 | 537.3 | 676.7 |
| 廊坊市 | 3108.2 | 6.5 | — | — | 196.7 | 1138.1 | 1773.5 |
| 沧州市 | 3676.4 | 6.4 | 23272 | 9.0 | 275.9 | 1580 | 1820.5 |
| 邯郸市 | 3454.6 | 6.6 | 23117 | 9.2 | 313.3 | 1558.0 | 1583.3 |
| 邢台市 | 2150.76 | 7.0 | 20052 | 11.1 | 265.42 | 876.76 | 1008.58 |
| 衡水市 | 1558.7 | 6.9 | 19869 | 10.4 | 200.5 | 639.3 | 718.9 |

资料来源：北京市统计局、天津市统计局、河北省各市统计局和政府网站。

## 三、京津冀区域的经济一体化发展特点

### （一）区域发展初具规模效应

作为我国重点发展的核心城市群之一，京津冀地区城市群具有独特的区位优势、雄厚的产业优势和丰富的人才资源优势。随着协同发展战略的实施推进，京津冀区域发展经历了发起合作、达成共识、规划实施、战略加速阶段，从三地政府推动发展上升为国家战略协同发展，在产业转型升级、科技创新发展和交通一体化等方面已取得很大进步，体现区域一体化发展带来的规模效应。[8]

在产业结构方面，京津冀三地在不断强化自身主导产业群的同时，跨区域合作逐步深入，积极开展了形式多样的对接活动，取得了明显成效。北京城市副中心和雄安新区两个集中产业承接平台的设立，既推动有效保证京津两地集中资源发展核心产业，又带动河北省产值发展；在科技创新方面，京津冀地区科研机构、高等院校数量多，人才储备雄厚，共同建立高新科技园区和科技计划项目，不断提高技术水平和创新动力[9]；在交通一体化方面，采取"交通一体化先行"的发展策略，构建铁路、公路、港口和航空等多种运输方式交融的一体化立体交通网络，实现京津冀"一小时经济圈"，保证区域内部各个城市的互联互通。

## （二）区域内部经济发展差距仍然较大

就当前情况来看，北京市、天津市与河北省11个城市的经济水平和综合实力差距悬殊，京津两地占据龙头领导地位。京津冀地区内部13个城市在经济总体量、经济增长速度及人均可支配收入和产业结构等方面差距过大。

第一，虽然河北省地区生产总值高于北京和天津，但是人均地区生产总值和居民人均可支配收入比较低，从各个城市的角度思考更是远远落后于北京市和天津市。北京作为首都，经济实力雄厚，在区域发展中处于绝对优势地位，导致与周边地区出现发展脱节、自我封闭的现象。[10]天津作为直辖市，经济基础较为优越，而河北省虽是工业大省，但经济基础薄弱，贫困人口众多，无法与京津两地处于同一经济水平。第二，北京拥有完善的经济发展基础设施，天津是环渤海地区经济中心，拥有国际化港口，地理位置优越，均能吸引大量投资。河北省各市经济基础设施不够完善，产业结构落后，除京津两地的产业转移和扶持外，无法吸引更多的投资者，经济发展潜力也低于北京和天津。[11]第三，京津冀地区城市存在产业重叠。天津是我国大型工商业城市，第二产业发达，而河北也为我国工业大省，两地在能源开采和钢铁制造等方面都存在冲突。除此之外，北京和天津在第三产业也存在竞争，主要集中在金融服务业领域。京津冀区域各城市产业结构联系不强、生产要素恶性竞争等问题严重影响产业分工与协作效率，阻碍了区域经济的一体化发展进程。

京津冀地区作为我国北方经济的心脏，区域经济发展水平与长三角与珠三角这两个发展较早的经济圈相比，仍存在明显不足，在经济总量、跨界融合、辐射范围等方面较为落后，一体化程度较弱，还存在很多发展空间。

### （三）生态保护意识较弱

京津冀地区经济发展带来的是环境质量问题日益严重，包括大气污染和资源浪费问题。近年来，干旱、洪水等各种自然灾害频繁出现，雾霾天气成为大城市的"通病"，京津冀地区许多城市的雾霾污染指数全国榜上有名，均是环境污染重灾区，既对人们的出行和生活造成严重影响，也限制了京津冀地区的经济发展。京津冀地区虽然已经开始注意到这一方面，并采取相应措施，但是并未取得实际效果。主要是因为没有从根本上提高人民的生态环境保护意识，企业和个人过分注重追求经济收入，忽略对环境问题的思考。京津冀地区需要进一步加强生态保护意识，通过更加明确的政策法律规定加强对企业行为的监督管理和个人行为教育改进，阻止环境继续恶化。同时，加大对新能源新技术的研发资金投入，让"金山银山"和"绿水青山"同步发展。

**参考文献**

[1] 周洁，贾文毓，党海燕. 京津冀区域经济一体化现状与对策研究 [J]. 山西师范大学学报（自然科学版），2018，32（2）：80－89.

[2] 孟庆民. 区域经济一体化的概念与机制 [J]. 开发研究，2001（2）：47－49.

[3] 河北党史网. 京津冀协同发展历程（1986—2018）[EB/OL]. （2019－03－11）[2020－03－01]. http：//hebeidangshi. gov. cn/article/20190311/2－2019－11482. html.

[4] 申海涛. 京津冀区域经济一体化现状与对策探讨 [J]. 中国市场，2018，991（36）：38－40.

[5] 刘佳. 京津冀一体化中的区域产业链发展现状研究 [D]. 北京：中共北京市委党校，2016.

[6] 孟永峰，杨竹晴. 京津冀区域经济一体化下的产业合作发展策略——以河北省产

业对接为例 [J]. 经济研究参考, 2018, 27 (34): 16-21.

[7] 曹然然. 京津冀城市群经济一体化发展战略研究 [D]. 北京: 对外经济贸易大学, 2019.

[8] 陈泽, 兰旭, 杨静. 河北雄安新区设立与京津冀协调发展下天津城市规划研究 [J]. 城市, 2019, 32 (12): 3-12.

[9] 张亚彬, 陈一琳. 京津冀高技术产业协同发展与区域经济的关系研究 [J]. 前沿, 2019, 26 (4): 77-83.

[10] 王骏飞, 姜颖, 付明. 京津冀区域协同创新机制构建 [J]. 商业经济研究, 2020, 39 (1): 131-134.

[11] 姚君虹. 京津冀区域经济一体化中存在的问题及对策 [J]. 现代经济信息, 2019, 26 (1): 476-477.

# 第六章 生态位的京津冀区域创新发展

## 第一节 京津冀区域校企合作创新发展研究

经济全球化发展下，区域经济一体化发展已经纳入我国国家发展战略，京津冀经济一体化也成为国家发展战略的重要议题。基于博弈论，充分发挥高校的综合优势，实现与企业之间的有效对接，促进校企合作创新发展，实现校企合作的互惠双赢，推进京津冀区域的协同创新发展，具有很重要的意义。

### 一、京津冀区域校企合作的博弈分析

#### （一）京津冀区域校企合作

校企合作，就是高校与企业建立的一种合作模式。当前市场经济下，社会竞争激烈，高校采取与企业合作的方式，有针对性地培养企业和社会需要的人才，注重人才的实用性与实效性，这是目前高校提升核心竞争力、谋求生存和发展的重要途径之一。校企合作是一种注重培养人才质量，注重在校理论学习与企业社会实践结合，注重高校与企业资源共享、信息共享的"互惠双赢"模式。

校企合作具有很重要的意义和价值。校企合作适应社会与市场的需求。通过校企合作，学校通过企业反馈与需要，有针对性地培养人才，结合市场导向，注重学生实践技能的培养，更能针对性地培养社会需求人才。京津冀通过校企合作的互惠双赢，高校与企业信息共享、资源共享，学校利用企业提供的资源和设备，企业也有了培养人才的场所，实现了让

学生在校所学理论与企业社会实践有机的结合，让高校的师资力量与企业的设备、技术实现优势互补、共求发展，节约了成本，优化了资源，促进了京津冀区域共同发展。京津冀校企合作是高校与市场接轨，将理论与实践相结合的产物，激发了高校的生命力，促进了京津冀高校教育的发展。[1]

### （二）校企合作的博弈分析

目前，就普遍意义来讲，国内校企合作的合作博弈制度尚未建立起来，高校与企业之间共同进行的职业教育和培训活动等只能是囚徒博弈或协调博弈这类非合作博弈。

博弈论又被称为对策论，既是现代数学的一个新分支，也是运筹学的一个重要学科。博弈论主要研究公式化了的激励结构之间的相互作用，它是研究具有斗争或竞争性质现象的数学理论和方法。博弈论考虑竞争中的个体的预测行为和实际行为，并研究它们的优化策略。目前，博弈论已经成为经济学的标准分析工具之一，其基本概念包括局中人、行动、信息、策略、收益、均衡和结果等，其中局中人、策略和收益是最基本要素，局中人、行动和结果被统称为博弈规则。博弈论是竞争中的双方在平等的对局中各自利用对方的策略变换自己的对抗策略，以达到取胜的目的。

在一方行为确定的条件下，决策另一方做出最优的行为选择策略，这就是博弈论的博弈。根据博弈者选择的策略，博弈可以分为两类，一类是非合作博弈，例如囚徒博弈、协调博弈都是非合作博弈，其结果是纳什均衡，可能没有效率，也可能有效率；另一类是合作博弈，是在双方的行为相互作用时，当事者双方之间达成一个具有约束力协议的博弈。合作博弈强调的是效率、公正和公平，有效的校企合作，诸如职业教育和培训制度等，是政府、高校、企业之间合作博弈的规则和结果。

这里主要是基于博弈论的合作博弈思想，研究人们达成合作时如何分配合作得到的收益，即收益分配问题，进而达到合作共赢；非合作博弈思想，是研究人们在利益相互影响的局势中如何选决策使自己的收益最大，即策略选择问题。

在校企合作的博弈中，有两个参与方，即高校和企业，分别用 $C$ 和 $E$

来表示。在校企合作博弈过程中，每个参与方都只有两种策略可以选择，这里用 $U_i = \{u_i\} = \{合作，不合作\}$ 表示高校的策略集，即一个高校面对一个企业时可以选择合作与不合作的两种策略；用 $M_i = \{m_i\} = \{合作，不合作\}$ 表示企业的策略集，即一个企业面对一个高校时可以选择合作和不合作的两种策略。

支付即参加博弈的各方从博弈中所获取的利益，它是各博弈方追求的根本目标，也是博弈方采取行为的主要依据。支付可以是那些本身就是以数量计算的利润和收入，也可以是量化的效用和社会效益等。由于双方在竞争中，除了获得收益和利润等正效用外，有时也会受到损失和失败等负效用，所以博弈中的支付是有正、有负的。通过支付函数使策略组合和收益之间建立起一种函数关系，我们可以定义为 $S_P(U_i, M_i)$，$p = \{C, U\}$。

假设高校 $C$ 的支付函数 $S_C(U_i, M_i)$ 为：$S_C(U_1, M_1) = (合作，合作) = a_1$；$S_C(U_1, M_2) = (合作，不合作) = b_1$；$S_C(U_2, M_1) = (不合作，合作) = c_1$；$S_C(U_2, M_2) = (不合作，不合作) = d_1$。

假设企业 $E$ 的支付函数 $S_E(U_i, M_i)$ 为：$S_E(U_1, M_1) = (合作，合作) = a_2$；$S_E(U_1, M_2) = (合作，不合作) = b_2$；$S_E(U_2, M_1) = (不合作，合作) = c_2$；$S_E(U_2, M_2) = (不合作，不合作) = d_2$。

基于博弈论的校企合作策略组合如表 6-1 所示。

表 6-1 基于博弈论的校企合作策略组合

|  | 企业合作 | 企业不合作 |
| --- | --- | --- |
| 学校合作 | $(a_1, a_2)$ | $(b_1, b_2)$ |
| 学校不合作 | $(c_1, c_2)$ | $(d_1, d_2)$ |

因为校企合作是一种双方行动，在现实中只可能存在两种策略组合，即 $(a_1, a_2)$ 和 $(d_1, d_2)$。这里我们可以看出，校企合作的动力应该是增大 $(a_1, a_2)$，使 $a_1 > d_1$、$a_2 > d_2$，也就是高校和企业达到互惠双赢。在市场条件下，只有互惠双赢，双方才会自愿自觉寻求合作。因此高校和企业之间的策略组合 $(U_1, M_1) = (合作，合作)$ 是二者博弈的均衡解。[2]

## 二、京津冀区域校企合作现状分析

基于 PEST 分析，对京津冀区域校企合作的大环境从社会文化方面、

政治法律方面、经济方面和科技方面,有所侧重地进行分析和探讨。[3-5]

## (一) 京津冀区域的经济状况

京津冀土地面积仅占全国的 2.2%,但是总人口达 11308 万(2019年),占全国的 8.08%;地区生产总值达 84580.08 亿元,占全国的 8.54%。北京市 2019 年地区生产总值达 35371.28 亿,比上年增长 16.66%。天津市达 14104.28 亿,比上年降低了 25.02%。河北省达 35104.52 亿元,比上年降低 2.52%。按常住人口计算,天津市人均地区生产总值达 90371 元;北京市人均地区生产总值达 164220 元;河北省人均地区生产总值达 46348 元。2019 年,北京第三产业增加值比重为 83.5%,稳居全国第一。北京第三产业比重是河北的 1.63 倍,是天津的 1.32 倍。天津的比重为 63.5%,河北的比重为 51.3%,而全国的比重为 53.92%。2018 年,河北第一产业增加值比重为 10.0%,北京为 0.3%,天津为 1.3%,全国为 7.11%。2019 年,河北的第一产业增加值达 3518.44 亿元,北京为 113.69 亿元,天津为 185.23 亿元。京津第一产业增加值加起来不到河北的十分之一(如表 6-2 所示)。

表 6-2 2019 年京津冀经济发展状况比较 (亿元)

|  | 地区生产总值 | 第一产业 | 第二产业 | 第三产业 |
| --- | --- | --- | --- | --- |
| 北京 | 35371.28 | 113.69 | 5715.06 | 29542.53 |
| 天津 | 14104.28 | 185.23 | 4969.18 | 8949.87 |
| 河北 | 35104.52 | 3518.44 | 13597.26 | 17988.82 |
| 合计 | 84580.08 | 3817.36 | 24281.5 | 56481.22 |

资料来源:《中国统计年鉴》(2020);按照当年价格计算。

## (二) 京津冀区域的知识能力现状

知识能力是区域知识存量、知识吸收能力、知识溢出和知识创新能力的综合反映,也是校企合作的基础。关于区域知识能力的评价,OECD 和亚太经合组织等都有相关的指标体系,针对我国国情,我们可以从以下几个方面来探讨:研发投入、研发机构、教育经费投入、科技人员数量、新技术情况、专利情况、高校在校生人数、企业技术创新能力、技术创新环境等。2019年，北京研究与试验发展经费支出285.19亿元，天津研究与试验经费支出213.43亿元，河北全社会研发经费支出438.58亿元，如表6-3～表6-5所示。

表6-3  2019年京津冀R&D研发活动及专利情况比较

|  | R&D人员全时当量/人年 | R&D经费/万元 | R&D项目数/项 | 专利申请数/件 | 有效发明专利数/件 |
|---|---|---|---|---|---|
| 北京 | 44241 | 2851859 | 7671 | 22552 | 48656 |
| 天津 | 45685 | 2134320 | 10825 | 15634 | 20856 |
| 河北 | 76096 | 4385826 | 13340 | 21570 | 21487 |

资料来源：《中国统计年鉴》(2020)。

表6-4  2019年京津冀新技术情况比较

|  | 新产品项目数/项 | 开发新产品经费/万元 | 新产品销售收入/万元 | 技术市场成交额/万元 |
|---|---|---|---|---|
| 北京 | 12142 | 4244502 | 52201988 | 56952843 |
| 天津 | 12714 | 2120384 | 38466201 | 9092549 |
| 河北 | 14913 | 5046187 | 64847324 | 3811904 |

资料来源：《中国统计年鉴》(2020)。

表6-5  2019年京津冀受教育程度比较

|  | 年末人口数/万人 | 普通本专科毕业生数/人 | 普通本专科在校学生数/人 | 在校生所占比例/% |
|---|---|---|---|---|
| 北京 | 2154 | 147074 | 601545 | 2.80% |
| 天津 | 1562 | 137063 | 539366 | 3.45% |
| 河北 | 7592 | 357831 | 1473971 | 1.94% |

资料来源：《中国统计年鉴》(2020)。

上述数据表明，北京、天津、河北的知识能力相差较大，理论上有利于知识扩散和溢出。由于区域内城市间经济水平断层和知识差距较大，政府在区域知识能力形成中的作用很大，可以起到促进校企合作的导向作用和政策保障作用。

### (三) 京津冀区域的校企合作情况

目前，因为北京市和天津市是中国的直辖市，有很多著名的高等学府，京津冀区域是中国优质高等教育资源最为集中的区域，但是其校企合作的态势并不乐观。京津冀区域性的校企合作联盟机制尚未建立，企业缺少与高校的常态化沟通和协作机制，高校对开展校企合作也缺乏一定的激励措施，政府尚不能充分发挥其应有的政策保障和效能作用，而且校企合作的效率和效果一般，还没有达到真正的互惠双赢，还没有实现完全的资源和信息的共享，还没有达成真正的共同利益。从表6-6可以看出，京津冀区域中高校有很多，企业更是数量极大，而且北京的企业与高校之比是9364：1，大于天津的企业与高校之比5238：1和河北的企业与高校之比9083：1，它们之间的比值呈现出北京、天津和河北递减，因此可以看出，京津冀区域的校企合作有很大的合作空间和合作潜力，尤其是北京的校企合作更是前景很看好，我们可以采取策略加以促进。

表6-6 2019年京津冀校企情况比较

| | 企业单位数/个 | 普通高等学校数/所 | 企业数：高校数 |
|---|---|---|---|
| 北京 | 870824 | 93 | 9364：1 |
| 天津 | 293307 | 56 | 5238：1 |
| 河北 | 1108146 | 122 | 9083：1 |

资料来源：《中国统计年鉴》(2019)。

## 三、京津冀区域校企合作创新策略

由前面的分析可以知道，基于合作博弈理论，要使高校和企业自觉采取 $(U_1, M_1)$ 策略组合，就必须寻求彼此的利益结合点，以提高 $(a_1, a_2)$ 的值，尤其是 $a_2$ 的值。这里的合作创新主要是指高等学校与企业之间的联合创新行为。合作创新通常以合作伙伴的共同利益为基础，以资源共享或优势互补为前提，有明确的合作目标、合作期限和合作规则，合作各方在技术创新的全过程或某些环节共同投入，共同参与，共享成果和共担风险。而校企合作创新是指高校和企业利用各自的要素占有优势，分工协作，优势互补，共同完成一项技术创新的行为。高校和企业作为两个重要的技术创新主体，双方合作创新有非常重要的现实意义。[6-11]

## （一）政府、高校、企业"三位一体"模式

依据系统论，结合企业的收益方程，我们可以从校企合作的外部保障到内部运行改善各个影响因素，以提高各部分取值，进而促进校企合作的互惠共赢。充分发挥高校的综合优势，实现与企业之间的有效对接，我们探索构建京津冀校企合作模式，即构建政府、高校、企业"三位一体"模式，这将充分发挥京津冀高校科技优势，加快科技成果转化，转变校企合作与共建方式，提高经济收益和社会效益，实现校企合作的互惠双赢。

政府、高校、企业这三个利益主体相互作用，共同构成一种"三位一体"模式。这种模式的特点是三方关系有效互动，其中企业是主体，发挥产品研发和生产功能；政府是主导，发挥政策导向和保障功能；高校是协同体，发挥科研协助和服务创新功能（见图6-1）。

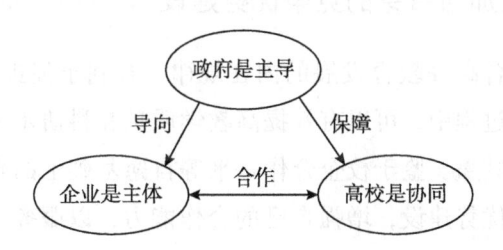

图6-1　政府、高校、企业"三位一体"模式

建立和完善政府、高校、企业"三位一体"模式的保障机制，进一步提升科技自主创新能力，以政府政策为主导，以企业研发为主体，以高校参与为基础的三者合一体制，把开发引导、实践应用和科研基础有效结合起来，建立产业资本与人力资源、知识资本最优化配置的校企合作。京津冀三地政府需要建立高层次的区域性的校企合作联盟机制，定期进行合作交流与洽谈对接。以政府搭建校企合作的中介机构为纽带，依托大学科技产业园区，以企业研发力量为主体，以高等教育衍生产业为突破口，逐渐促进新技术开发与利用，推进科研成果的转化，使高校真正成为提升科技

自主创新能力和培养创新型人才的场所，切实加强高校服务京津冀区域发展的能力，真正促进京津冀区域的校企合作。

## （二）寻求校企合作的利益结合共同点

寻求校企合作的利益结合共同点，加大校企合作的动力。合作的根本动力主要来自市场需求和合作各方存在必要的位势差，从而通过彼此的优势互补，形成 1+1＞2 的合作优势，最终实现合作双方的互惠共赢。为了更好激励高校科研创新发展，要全面建立和形成有利于科技成果转化的政策导向，将科技成果转化效果作为学校对科研能力的考核内容之一，在评定职称或晋升时，不仅要考核教职工的科研成果，还要考核其科研成果的转化，努力提高科研成果转化在科研工作中的比重。高校要通过多种形式将科研成果进行转化和推广，鼓励和允许科研人员在学校、企业之间双向流动，可以采取技术咨询、技术转让、技术入股等方式鼓励科技人员参与科技成果转化。

## （三）高校加强自身的竞争优势建设

校企合作符合高等教育发展的内在规律，有利于促进高等教育发展。高校在校企合作过程中，可以有效提高教学质量和科研水平，进一步加强与企业的合作和共赢。鉴于校企合作是平等自愿基础上的合作，所以高校必须要加强自身优势建设，增强自己的合作能力，以服务求生存，以贡献求支持。依据 SWOT 分析，对高校内部资源和外部环境进行分析，克服高校自身存在的竞争劣势，发展完善和充分发挥高校自身的竞争优势，结合高校外部环境的机会和威胁，通过高校自身的竞争优势建设，提升高校的师资水平、教学效果、科研水平以及人才培养质量，使自己在竞争中足够强大，把外部的威胁变成发展机会，吸引更多的企业来参与校企合作，进而提高校企合作的效率和效果。

经济全球化发展大背景下，区域经济一体化发展是我国国家发展战略。新资源经济模式需要政府、企业、社会组织和公众作为利益相关者共同参与。在政府政策导向和法律保障下，以企业为主体，以高校为协同，促进校企合作，将是新资源经济发展的重要力量。基于合作博弈理论，在京津冀经济一体化背景下，协调和利用京津冀区域高校和企业资源，加强校企合作，促进资源和信息共享，实现校企合作的互惠共赢，促进京津冀区域协同创新的可持续发展。

**参考文献**

[1] 周超. 校企合作创新的演化博弈分析 [J]. 中国集体经济, 2014 (10): 24-25.

[2] 陈海燕. 高职校企合作的博弈分析 [J]. 职教通讯, 2007 (3): 22-25.

[3] 吴玫. 京津冀一体化背景下的产学研合作机制研究 [J]. 河北工业大学学报（社会科学版）, 2013, 5 (4): 7-12.

[4] 张淑莲. 基于合作博弈的京津冀区域经济协作研究 [J]. 河北师范大学学报（哲学社会科学版）, 2011 (1): 30-34.

[5] VODÁK J, SOVIAR J, LENDEL V. Cooperation Management in Slovak Enterprises [J]. Procedia—Social and Behavioral Sciences, 2014, 109: 1147-1151.

[6] 张煊, 孙跃. 产学研合作网络的创新效率研究来自中国省域产学研合作的数据证明 [J]. 山西财经大学学报, 2014, 36 (6): 59-66.

[7] 高广阔, 高书潜. 基于进化博弈的产学研合作创新分析 [J]. 科技管理研究, 2010, 30 (9): 4-5, 50.

[8] 杨东升, 卞慰萱, 张永安. 校企合作创新方式选择的博弈分析 [J]. 科研管理, 2008 (S1): 29-31.

[9] 帅全锋, 高菲. 服务理念下京津冀校企合作机制构建的思考——兼谈对河北省的建议 [J]. 继续教育, 2012 (5): 21-23.

[10] TRIGO A, VENCE X. Scope and patterns of innovation cooperation in Spanish service enterprises [J]. Research Policy, 2012, 41 (3): 602-613.

[11] YANG H J, ZHANG J. The Strategies of Advancing the Cooperation Satisfaction among Enterprises Based on Low Carbon Supply Chain Management [J]. Energy Procedia, 2011, 5: 1225-1229.

## 第二节 区域协同发展的校企合作创新生态博弈分析

校企合作是推动我国高等教育迅速发展的重要动力，是提高我国高等教育人才培养质量和促进区域协同创新发展的有效途径。但是当前信息和技术高速发展,生态环境保护的迫切性加剧,资源紧张、生存压力、竞争加大,要求加强校企合作创新,寻求校企合作的新途径,是亟待需要研究的;基于生态博弈角度的,面向区域发展的校企合作创新,是本书要探讨的问题。

## 一、校企合作创新发展

### (一) 校企合作意义

校企合作符合我国高等教育培养技能人才的要求,是促进区域协同创新发展的有效途径。近年来,很多高等学校在校企合作方面积极做了一些工作,取得了一些成效,积累了一些经验。但是,从总体上来看,目前我国的校企合作水平并不高,效果也不是非常明显,学校和企业也还没有实现良好的对接和利益共享,还没有形成校企合作的长效机制,尤其在当今新常态下从生态博弈角度探索面向区域的校企合作创新,是很有必要的,也是有重要意义的。[1]

当今是经济全球化和知识经济时代,面对全球气候变暖和资源紧缺,生态环境污染问题严重,竞争越来越激烈,高校培育人才的标准也越来越高,企业的生存压力也越来越大,高校和企业的竞争力都迫切需要提升,校企合作促进双方互利共赢的需求也越来越迫切,这些都需要校企合作的不断探索和持续创新。目前京津冀区域协同发展是国家层面的重大战略,而区域内有很多高校和企业,高校的教学科研和人才培养、企业的生产经营拉动经济发展,在区域协同发展中都占有重要地位,通过校企合作达到高校和企业互惠共赢,通过校企合作促进区域协同创新发展,是我们需要的,也是有重要研究价值和现实意义的。

### (二) 校企合作研究

国内外众多学者对校企合作问题已经进行了一系列的研究。Pamela Mueller认为,校企合作对高校和企业都是有利的,校企合作能够提高高校和企业双方的研发创新能力。姚春梅进行了基于高校角度的研究,并认为校企合作可以增加高校科研经费和提高高校科研能力。吴杰则进行了基于企业角度的研究，并认为校企合作有利于帮助企业保持相关产品的市场竞争力。Aursen认为，一般是实施发展战略的大型企业将高校作为科技创新的主要来源。而元桥则认为，校企合作能够提高中小企业的产品研发能力。罗炜通过构建博弈模型，分析了校企合作中高校与企业的利益相互关系。鲁若愚构建了校企合作创新全过程的利益分配委托代理模型，证明了在校企合作创新的不同阶段双方对分配方式的不同偏好，在此基础上得到了各阶段的最优分配方式以及达到最优分配的条件。张伟研究提出了校企合作的利益分配机制和相互保障机制。[2]

### （三）校企合作创新

校企合作创新是以合作的共同利益为基础，以资源共享或优势互补为前提，有明确的合作目标、合作期限和合作规则，合作双方在技术创新的全过程或某些环节共同投入、共同参与、共享成果、共担风险。校企合作创新是指高校和企业利用各自的资源要素占有优势，分工协作、优势互补来共同完成技术创新的方式。

高校和企业作为两个主要的技术创新主体，双方合作创新有非常重要的现实意义。一方面，校企合作创新有利于提升高校知识创新能力与科学研究水平，增强高校科研的针对性和实用性，避免科研资源的重置与浪费，实现技术成果转让，提高科技成果的实际转化率；另一方面，校企合作创新是企业获得技术的一个重要手段，对提高企业技术创新水平尤其是高科技水平特别重要，在为企业带来高额利润的同时，也有力地推动了社会经济的发展。尤其基于生态学角度的，考虑了生态环境保护的校企合作创新的有效推进，在提高学校和企业双方核心竞争能力，实现双方互惠共赢的同时，也促进了科技和经济、环境的和谐的长期的可持续发展。

## 二、校企合作创新生态学分析

生态系统本是一个生物学概念，是由生物群落和无机环境相互作用构成的统一整体。生态系统是生态学的功能单位和自然实体，强调生物和环境是不可分割的整体，以及其在功能上的统一。校企合作共赢生态系统是指在一定时间和空间里系统内各个个体之间通过相互依存而形成的动态平衡系统，需要系统中各方的紧密合作。良好的生态系统要求各个个体相互合作、责任共担、成果共享，共同组建自身协调发展的统一整体。

从生态学的角度，高校、政府、行业、企业、学生和家长是校企合作的利益相关体，是构成校企合作共赢生态系统的直接作用相关主体。从博弈论角度，校企合作共赢生态系统的创新，需要创新生态系统内的高校、企业、科研机构和政府部门间实现创新资源的有效流动与合理配置，而在此过程中，创新生态系统内部创新主体需要经历一个长期反复的演进过程。企业是生态系统内各种创新资源的主要拥有者和创新利益的主要享有者，而创新生态系统内的高校和科研机构拥有人才、信息技术和科研成果等大量异质性创新资源，高校与企业间的有效互动可以提高企业自身的产品研发能力，从根本上促进创新生态系统整体创新能力与科研水平的提高。由于校企合作创新在我国有待很好提高，需要政府发挥政策引导与协调监督作用，营造有利于校企合作创新的良好环境。校企合作创新生态系统内的企业、高校及科研机构和政府部门在创新过程中彼此联系与互相影响，共同推进校企合作创新生态系统的发展。[3]

## 三、校企合作创新生态博弈分析

博弈理论中的合作双赢博弈论又被称为对策论，《博弈圣经》中写道："博弈论是二人在平等的对局中各自利用对方的策略变换自己的对抗策略，达到取胜的意义。"按照罗伯特·奥曼教授的说法，博弈论就是研究互动决策的理论，即当一个主体的选择受到其他主体选择的影响，而且反过来也影响到其他行为主体选择时的均衡及决策问题。校企合作创新博弈有两个博弈方，即高校和企业，假设合作双方都是有限理性的，博弈均衡有一个学习、模仿和调整的过程。其中，企业可以采取的行动有两种，即合作创新（合作）和自主创新（不合作）；而高校也有两种选择，即合作和不合作。[4]

这里主要是基于博弈论的生态博弈思想，从生态学角度研究人们达成合作时如何分配合作得到的收益，即收益分配问题，进而达到合作共赢。在校企合作的博弈中，有两个参与方，即高校和企业。在校企合作博弈过程中,每个参与方都只有两种策略可以选择,即一个高校面对一个企业时可以有合作与不合作的两种可选择策略,同时一个企业面对一个高校时也可以有合作和不合作的两种可选择策略。

当企业选择合作创新时得到的收益大于企业自主创新得到的收益时,双方博弈演化结果是双方都选择合作。当企业选择合作创新时得到的收益小于企业自主创新得到的收益时,双方博弈演化结果是高校选择合作,而企业选择不合作。因此,无论双方收益如何,高校都会选择合作;而对于企业,收益则是决定其是否选择合作创新的关键所在。所以目前状态是高校愿意进行校企合作,虽然经过高校的努力,校企合作有所进展,但是企业合作的积极性有待加强,也需要政府的有力引导和政策大力支持。[5,6]

## 四、京津冀区域校企合作创新分析

### (一) 京津冀区域校企合作发展

北京市和天津市是我国的直辖市,有很多著名的高等学府和优秀专任教师,京津冀区域是国内优质高等教育资源集中的区域,但是其校企合作的情况并不是很乐观。京津冀区域性的校企合作联盟机制还没有建立,企业缺少与高校的常态化沟通与协作机制,高校对开展校企合作也缺乏相应的激励措施,政府还不能充分发挥其应有的政策保障和效能作用,还没有形成适合校企合作的市场环境机制,而且校企合作的效率和效果也一般,还没有实现双方真正的互惠双赢,还没有实现完全的资源和信息的共享,还没有达成真正一致的共同利益。[7]从表 6-7 中可以看出,京津冀区域中高校有很多,企业更是数量极大,而且北京的规模以上企业与普通高等学校之比是 33.56:1,远远优于天津的企业与高校之比 85.95:1 和河北的企业与高校之比 108.04:1,它们之间的比值是北京、天津和河北递增,可以看出,京津冀区域的校企合作还有很大的合作空间和合作潜力,尤其是北京的校企合作前景更是非常看好,我们可以采取合适的策略加以推进京津冀区域校企合作。

表 6-7　2019 年京津冀规模以上企业与高校情况比较

| | 规模以上工业企业单位数（个） | 普通高等学校数（所） | 专任教师（人） | 普通高校生师比 | 规模以上企业数：普通高等学校数 |
|---|---|---|---|---|---|
| 北京 | 3121 | 93 | 71997 | 8.36∶1 | 33.56∶1 |
| 天津 | 4813 | 56 | 32651 | 16.52∶1 | 85.95∶1 |
| 河北 | 13181 | 122 | 79147 | 18.62∶1 | 108.04∶1 |

资料来源：《中国统计年鉴》（2020）。

## （二）京津冀区域校企合作创新"五位一体"

整合各类优质教育资源，构建开放的教育办学模式，是校企一体生态发展的必然要求。构建政、产、学、研、生"五位一体"办学模式，努力实现政府、高校、行业企业、科研机构、生态环境的"五位一体"，如图 6-2 所示。[8-10] 随着信息技术的发展和创新形态的演变，在不破坏大的生态环境平衡中，校企合作的主要驱动力在于政府的统一规划和政策支持，充分发挥政府部门的主导和引导作用，充分发挥政府在开放创新平台搭建和政策引导中的作用，高等学校加强自身的内涵建设，行业企业要积极配合。从学校方面讲，学校与政府、行业企业、其他高校、科研机构等相互配合、整合教育资源，发挥各自优势，形成强大的研究、开发、生产一体化的先进系统并在运行过程中体现出综合优势，充分利用学校与行业企业、科研机构等多种不同教学环境和教学资源以及在人才培养方面的各自优势，把以课堂传授知识为主的学校教育与直接获取实际经验、实践能力为主的生产、科研实践有机结合的教育形式，可以有效促进区域经济转型升级、人才培养、教育科研与社会和谐发展，形成校企合作的良性运行互动机制，促进区域校企合作及区域协同发展。

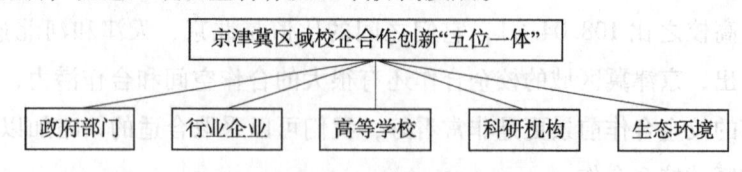

图 6-2　京津冀区域校企合作创新"五位一体"模式

校企合作是高校培养技能人才的必由之路，是促进区域协同创新发展的有效途径，符合我国现代高等教育发展的要求。鉴于当今社会，资源紧张、竞争激烈、压力加大、环境污染，本书基于生态博弈角度，探讨了面向区域发展的校企合作创新，结合京津冀区域校企合作发展情况，提出了京津冀区域校企合作创新"五位一体"发展模式，并采取相应的策略，努力实现政府、高校、行业企业、科研机构、生态环境的"五位一体"，促进京津冀区域校企合作，促进经济、社会、环境的和谐发展，促进京津冀区域协同创新的可持续发展。

**参考文献**

［1］李剑玲，李洪英. 基于博弈论的京津冀区域校企合作创新研究［J］. 北京联合大学学报（自然科学版），2015（2）：78－82.

［2］周超. 校企合作创新的演化博弈分析［J］. 中国集体经济，2014（10）：24－25.

［3］李煜华，武晓锋，胡瑶瑛. 共生视角下战略性新兴产业创新生态系统协同创新策略分析［J］. 科技进步与对策，2014（2）：47－50.

［4］李光红. 校企合作创新的演化博弈分析［J］. 科技管理研究，2007，27（8）：153－154.

［5］陈海燕. 高职校企合作的博弈分析［J］. 职教通讯，2007（3）：22－25.

［6］VODÁK J, SOVIAR J, LENDEL V. Cooperation Management in Slovak Enterprises［J］. Procedia—Social and Behavioral Sciences, 2014, 109: 1147－1151.

［7］李京文，李剑玲. 京津冀协同创新发展比较研究［J］. 经济与管理，2015（2）：13－17.

［8］吴同喜，孟祥玲. 高职教育校企一体生态发展路径探析——以浙江工贸职业技术学院校企合作为例［J］. 职业技术教育，2010（35）：61－63.

［9］TRIGO A, VENCE X. Scope and patterns of innovation cooperation in Spanish service enterprises［J］. Research Policy, 2012, 41（3）: 602－613.

［10］YANG H J, ZHANG J. The Strategies of Advancing the Cooperation Satisfaction among Enterprises Based on Low Carbon Supply Chain Management［J］. Energy Procedia, 2011, 5: 1225－1229.

## 第三节　区域发展的产学研协同创新研究

产学研协同创新是基于经济发展形势、社会变化格局深度思考的结果，也是基于国家创新驱动战略发展过程中的自我精准定位，对适应"新经济"发展、提升自主创新能力、解决教育经济社会发展关系问题具有现实意义。产学研协同创新不仅是两者概念或理念的简单糅合，而且是基于两者优势的叠加和劣势的互补，打破各组织间的壁垒，创造出"1+1＞2"的协同效应。自1997年教育部开展"产学研合作教育"以来，产学研合作一直是国家自主创新能力提升的关键因素。有些学者就试图将"产学研"与"协同创新"融合，提出产学研协同创新的全新理念。近年来，在产学研协同创新领域，经过最近几年的深入研究，取得了一定的成果，但是面对复杂变化的动态社会和经济发展，任何一种模式或理论都需要与时俱进跟上变化的步伐。本书将深入分析产学研协同创新的相关研究内容，总结其主要成果和存在的问题，并基于总结的基础上，展望未来产学研协同创新的相关研究的前沿领域。

## 一、产学研协同创新文献分析

### （一）文献来源分析

本书采用文献计量的方法，对选取的目标文献依据文献发表时间、文献内容，进行全方位的分析和统计，寄望于用比较研究和文献梳理的方法，从不同的研究视角入手，分析产学研协同创新的研究内容、研究现状和研究方法，并基于此总结和提出未来研究方向及前沿领域。借助中国知网中的 SCI、EI、CSSCI 作为文献搜集的主要数据库，具体文献检索步骤、标准及其理由为：将检索项设定为"主题"，关键词严格设定为"产学研协同创新"，为防止概念扩大或者泛化，采用高级搜索方式进行文献搜集；协同创新的研究起源于20世纪90年代，早期的研究很少涉及产学研协同创新方面，或者很少部分成果质量不高，但自2010年左右，学术界开始注重创新领域的研究，尤其是本书的主题方面的研究，特别是2011年胡锦涛主席在庆祝清华大学百年校庆时的演讲引起学术界的广泛关注，所以这段时间，产学研协同创新研究成规模地铺开，因此将检索的时间跨度设置为"2010—2020年"。基于前言搜索设置，初步搜索到471篇文献。

## （二）文献统计结果分析

### 1. 发表时间分布

本书选取了 471 篇文献，依据期刊论文发表时间对文献进行统计，如表 6-8 所示。通过每年发表的期刊论文数量，可以看出"产学研协同创新"的影响程度。根据表中的文献分布情况，可以看出 2012 年后，论文发表数量所占百分比呈上升趋势，间接表明了该领域研究的受关注地位。

表 6-8 期刊论文发表时间统计

| 年份 | 篇数 | 百分比 |
| --- | --- | --- |
| 2010 | 1 | 0.20% |
| 2011 | 3 | 0.37% |
| 2012 | 33 | 7.01% |
| 2013 | 50 | 10.62% |
| 2014 | 54 | 11.46% |
| 2015 | 72 | 15.29% |
| 2016 | 47 | 9.98% |
| 2017 | 67 | 14.23% |
| 2018 | 62 | 13.16% |
| 2019 | 39 | 8.28% |
| 2020 | 43 | 9.13% |

### 2. 按照研究视角划分

在分析和归纳文献成果的问题上，可以认为产学研协同创新的核心是知识整合、共享与创造，在这整个形成知识优势的脉络过程中，各类机制为其提供支持和制度保障，绩效评价是对形成知识优势的结果和效率进行评价，是整个环节的重要部分，最后产学研协同创新是一个小型完整的社会系统，同时也是一个生态圈，所以基于上述考虑，选取"概念内涵""知识整合与管理""机制视角""绩效评价""生态视角"五个视角全方位地总结文献成果，如表 6-9 所示。

表 6-9 期刊论文研究视角统计

| 研究视角 | 概念内涵 | 知识整合与管理 | 机制视角 | 绩效评价 | 生态视角 |
|---|---|---|---|---|---|
| 篇数 | 34 | 145 | 120 | 77 | 18 |

## 二、产学研协同创新的内涵界定

### （一）产学研的内涵

20世纪初，美国辛辛那提大学开创的产学研结合的教学模式，对传统的教学方式产生了极大的冲击，学术界逐步将研究焦点也聚焦于此。到了20世纪末，推行和创建产学研合作平台在教育界引起共鸣，成为引领全球的教育改革潮流。较之国外，我国产学研平台建设时间较晚，但自1997年教育部开展"产学研合作教育"模式以来，全国产学研平台、产学研合作中心等迅速构建，目前已粗具规模。产学研合作本质就是科研、教育与经济的不断对接和耦合，通过企业、学校和科研机构相互借鉴与合作，基于各自发展的需求，形成"生产、研究、开发"一体化的创新系统。产学研合作有多种不同的合作模式和方式，总体上来说应该遵循以下两个原则：一是动态原则，根据合作的事物和形势的变化，产、学、研三个主体也要随之变化，在合作过程中，保持旺盛的生命力，保障资源、信息和知识等的共享能在三个主体之间不受制约地有效互动。二是双赢原则，产学研追求的是科技、经济和教育的高度有效融合，在产学研合作中，产学研三个主体基于资源共享与流动，以达到资源的有效配置，同时破除各自发展所遇的瓶颈，达到"双赢"的状态。

### （二）协同创新的内涵

协同创新是指突破相关创新主体间的壁垒，依靠现代信息技术搭建信息和资源平台，通过各主体之间的分享平台进行多方位的交流与写作，实现各种创新资源和创新要素的有效汇集和整合，充分发挥技术、资源、知识、信息等创新要素的活力，以达到预期的合作目的。这是一种新型复杂的创新组织模式，受到政府、企业、高校和科研机构的广泛青睐。习近平在党的十八大报告中指出，协同创新是推进中国特色自主创新道路发展的重要组成部分，也是发挥强国科技的重要路径。目前，学术界将研究焦点聚焦于协同创新领域，采用不同的视角，全方位地对协同创新的相关问题进行剖析与研究。吴琨等[1]从宏观、中观和微观的划分角度入手，梳理和总结学者们已有的研究成果后认为，协同创新是指在共同目标和共享利益的驱使下，各创新主体在外部环境支持的背景下进行知识、技术等要素资源的整合、交互和共享，构建多主体的协同创新组织模式，期待着形成协同效应，实现预期目标，推动和加快社会、国家和地区的系统创新发展历程。熊励等[2]从协同创新的实现路径视角入手，将协同创新归纳为内部协同创新和外部协同创新两类，并由此深入分析和探讨。他们在研究中发现，内部协同创新是在各创新主体内部，通过不同创新要素的有效互动来实现预期目标；外部协同创新则是从宏观的角度，协调各创新主体之间的互动关系，达到整合资源和知识的目的。张展、张洪娟[3]通过文献整理和实地调查后认为，随着研究的深入，协同创新中的内部创新模式逐步由两元素协同创新模式发展为三元素或多元素协同创新模式；而外部协同创新模式依据跨越各主体间的方向和路径不同划分为纵向模式和横向模式。

### （三）产学研协同创新的内涵

学术界认为，产学研协同创新（Industry-University-Research Institute Synergetic Innovation）是以企业、大学、科研机构为核心要素，通过各主体之间的互动关系协调，发挥政府、金融等部门的辅助支持作用，在各创新主体的优势互补或资源共享的作用下，实现资源和技术等在各主体之间合理有效地流动。概念的核心在于通过资源和知识的创造、共享和创新，完成预期的目标。与传统的产学研或协同创新相比，产学研协同创新主要呈现目标高端化、成果转化高和组织系统化等特点。因此，许多学者从产学研三个主体的内部关系及其互动特征入手，探讨产学研协同创新模式的内涵、运行机理和特征。徐平等[4]认为，产学研内部的互动关系是进行产学研协同创新研究的关键，也为其研究提供了前提条件。他们发现，只有产学研三方在充分发挥各自优势的前提下，在三方内部不间断地进行良性有效的互动，才能实现知识、信息等资源的整合和共享，三方各自也因此获取提升自我所需的协同创新成果。何郁冰[5]从战略、知识和组织三个方面的协同层次入手,来阐述合作方如何进行资源共享、知识整合和优势互补,同时认为产学研协同创新是指参与方通过优势互补的手段,形成协同效应,最终在各自预期的合作目的上达成一致。关于产学研协同创新基本要求的研究方面,饶燕婷[6]从现代协同论入手,总结出产学研协同创新的主要要求包含:主体协同、组织协同、目标协同、环境协同和体制机制五个方面,其中主体协同是其核心部分,组织协同是支撑平台,目标协同是前提和基础,而机制体制为其保驾护航提供制度保障,环境协同则是坚强后盾。

本书认为,产学研协同创新是指将产学研三个创新主体的元素进行有机整合和共享,并在各创新主体间通过资源等的转移和流动,达到维系各自生存和发展需求的目的,最终形成多元协同效应。由于各创新要素具有多主体性,这也间接地决定了产学研协同创新是当下通过资源整合来实现创新目的最有效的方式。因此,深入剖析产学研协同创新的内容、运行机理等,对"新经济"背景下的经济发展至关重要。

## 三、基于不同视角的产学研协同创新

### （一）基于生态视角的产学研协同创新

目前,生态问题是学术界研究的重点之一,一些学者希望将生态的理念引入产学研协同创新研究领域,为此进行了探讨,分析了基于生态理论的视角下研究产学研协同创新领域的相关问题。虞佳等[7]通过生态学理念与传统的产学研协同创新研究实现有效的融合,通过生态学隐喻、生态系统的结构、生态系统的形成和运行机理三个方面的分析和梳理,总结出产学研协同创新生态系统的四个组成方面是:创新个体、创新种群、创新群落和创新生态系统,同时指出依靠自身创新能力和基于优势互补,协调和共享创新资源,基于三个主体种群之间相互影响和作用,形成了产学研协同创新的生态系统。潘郁等[8]则依据信息生态学的理念,对产学研协同创新各要素及其相关的影响因子的内容和观点分析和总结,在此基础上,研究各信息生态要素间的关系和影响,并构建了产学研技术创新生态模型,为推动生态位视角下的产学研协同创新研究提供了理论依据。王文亮等[9]采用扎根理论的方法，将生态机制影响因素的相关内容概念化后，引入产学研协同创新研究领域内，通过案例研究法发现，创新生态环境（前提）、创新生态保障（基础）、创新生态动力（关键）以及创新生态能力（印象）是影响产学研协同创新生态机制的四个重要因素。基于对四者关系和内容的分析，最后认为，四种影响因素交替互相影响着产学研协同创新生态机制。

## （二）基于知识整合与管理视角的产学研协同创新

在信息经济时代，知识变化和更新速度加快，政府、企业和高校很难独自获取维系自我生存和发展所需的知识和能力，这就需要三个主体在各自领域内整合内部知识，同时吸纳外部知识，加快各主体间的知识整合与协同。知识管理视角的协同创新是以形成知识优势为最终目标，围绕知识生产、流动、共享和创造而构建的产学研深度合作的新型创新组织模式。其中，知识协同与管理是产学研协同创新研究和探索的核心焦点。吴悦、顾新[10]认为，产学研协同创新实质上是一个知识分享、协同和创造的过程，主要是指知识在产学研各主体之间，通过流动、共享、转移和创造等环节，形成知识优势的创新过程。知识整合是协同创新的重要过程，也是影响协同创新效率的一个关键因素。李久平等[11]从知识整合的内涵和特点方面进行分析和归纳，并从产学研协同创新过程中的知识整合平台、支撑体系和运行机制两个核心角度，构建产学研协同交互的知识整合理论框架，为优化知识整合效果提供理论依据，推动知识整合领域的深入研究。知识转移可以实现资源有效整合和协同发展，基于这个观点，刘春艳、王伟[12]通过知识转移的影响因素及其影响因素之间关系的分析，指出知识转移在一定程度上，制约或提升产学研协同创新的效率，并从主体因素、客体因素和情境因素方面分析其对知识转移的影响。知识创造是协同创新的一个重要成果，同时知识创造的过程分析也是产学研协同创新的研究聚焦点。姚艳虹等[13]用系统动力学的理论，从产学研协同创新中知识流动过程和知识创造因果关系入手，分析并构建知识创造的系统动力学模型，研究表明：知识创造是协同创新的重要成果，也是知识互补性前提下各主体协同创新的结果。研究领域除知识整合、转移、共享和创造四个环节外，一些学者也从产学研协同创新中与知识相关联的角度入手。菅利荣[14]认为知识中介与产学研协同创新有着较高的关联度，同时指出隐性知识转移将是产学研协同创新的核心问题，基于此分析，得出连接产学研的知识中介及有吸收能力的公司在一定的程度上影响着产学研协同创新效果和效率。

### （三）基于机制视角的产学研协同创新

在任何一个组织或系统中，机制都负有基础性和根本性的作用，良好的运行机制能间接地影响和推动组织或系统的健康发展。产学研协同创新是企业、政府和高校等主体为维持各自生存和发展，获取内外部资源和知识的一个社会系统，进行机制研究对产学研协同创新的维持和发展有着至关重要的推动作用。产学研协同创新发展的过程主要涉及动力机制、运行机制、机制构建和整体机制构建四个方面，因此产学研协同创新的机制角度研究也将聚焦于此。周正、尹玲娜、蔡兵[15]认为，系统动力缺乏是产学研协同创新发展的重要阻力，通过对产学研协同创新的动力形成分析，同时从产学研协同创新的内外部动力因素进行机制研究，认为产学研协同创新是内外动力因素相互作用共同驱动的结果。王延荣、赵文龙[16]运用系统动力学的观点分析产学研协同创新系统的构成要素，并从创新成果转化机制、创新协同机制、创新人才流动和创新资金流动四个角度，分析和归纳产学研协同创新系统的运行机制，得出该系统运行的关键是以创新成果为核心，注重成果转换和收益分配等因素的制约。机制构建是为产学研协同创新提供制度保障，张钦朋[17]针对产学研协同创新过程中动力、协调性和机制方面存在的问题，为推动产学研协同创新发展，提出机制构建的观点，为其提供制度保障，并从利益实现机制、风险控制机制、创新激励机制、政策协调机制和绩效评估机制五个方面入手，引导创新资源高度有效地整合和配置，为产学研协同创新的发展提供永久推动力。张海滨[18]在对协同创新影响因素分析的基础上，从学校、企业和政府三个主体自身出发，构建基于战略、管理、利益和资源四个因素的协同机制，推动产学研协同创新机制体系的形成。

## （四）基于绩效评价视角的产学研协同创新

与先前的产学研合作模式或协同创新相比，产学研协同创新的一个重要优势在于其较高的创新成果转化效率。因此，协同创新的绩效评价研究在此领域占据着突出的位置，但是目前，国内学术界对产学研协同创新绩效评价领域的研究少之又少，此概念也缺乏权威的界定。当下，学术界基于以下理论基础进行产学研协同创新的绩效评价：投入—转换—产出理论、系统理论、资源依附和交易成本理论、动机—期望理论、平衡计分卡理论、群落生态学等。依据产学研协同创新绩效评价的不同理论，学者分别从不同的角度构建相关的评价体系或模型进行深入研究。基于投入产出理论，国内学者通过创新的效率和创新的效果来理解和评价协同创新绩效。基于系统理论基础，在产学研合作创新投入转化为成果过程中，周晓阳、王钰云[19]用系统理论的观点，从转化效率、经济效益和产学研合作各方满意度三个方面进行产学研合作创新绩效评价，并依据产学研协同创新的特点，通过投入、过程和产出三个层面，深入分析和总结产学研协同创新的绩效评价。李成龙、刘智跃[20]从耦合互动角度入手，将产学研协同创新绩效分为创新任务绩效和学习成长绩效两类指标。其中，基于产出成果的创新任务绩效主要依据创新成果的可衡量性和可验证性，对创新成果进行测度来完成协同创新的绩效评价；而学习成长绩效主要关注产学研各合作方获得成长空间和合作的满意度。还有一部分学者，基于上述理论基础，从宏观、中观和微观各个视角，基于不同层次的评价对象，进行产学研协同创新绩效评价的实践研究，并取得一定的研究成果。段晶晶[21]借用耗散系统和协同创新理论的观点，将绩效评价分别引入宏观和微观的层次，根据产学研协同创新的行为结果，从知识创新绩效、人才培养绩效、成果转化绩效和产业融合绩效四个维度，并借助合作愿景、知识、组织关系和政策支持四个方面，探讨协同创新绩效的评价体系和提升路径，构建了绩效提升的理论模型。王进富等[22]采用层次分析法，从动力、路径和知识管理三个方面入手，最后引入协同度的测试基准，构建以动力协同测度、路径协同测度和知识管理协同测度为核心的产学研协同创新评价关系维度模型。

## 四、产学研协同创新发展趋势

知识管理角度的产学研协同创新在学术界引起广泛关注,也引起了一定的共鸣。目前来说,这方面的研究成果主要集中在理论模型、知识整合与创造的运行过程等方面,并取得了很大的成功。但是在知识整合与创造的支撑体系和保障机制方面,研究成果较少涉及。此外在研究方法上,该方面的研究多注重模型或体系构建,未来研究可以采用案例研究法验证模型的效果和效率。

关于产学研协同创新机制角度的研究,目前取得了一定的成果,主要是在运行机制、动力机制等方面,但是研究成果较少涉及机制构建和协同创新整体机制方面。除此之外,有两个突出的问题值得我们深思:保障机制研究和各机制联系研究。关于这两个问题几乎很少有学者涉及。此外,现有的产学研协同创新机制研究大多采用文献分析法,在总结现有成果的基础上提出自己的观点,未来研究可以多采用实证研究法或案例研究法分析和验证机制运行的效果。

关于绩效评价方面,产学研协同创新的绩效评价是一个较为新颖的课题,且关于绩效评价领域的研究目前正处于摸索起始阶段,虽然现在有一些成果,但是较之绩效评价在产学研协同创新研究中的地位而言,这个角度的研究仍需全方位、系统性的分析和探讨,建立一套科学、合理和有效的绩效评价体系或模型;在研究方法方面,绩效评价适合用实证研究法,来评价绩效评价模型的效果;在研究内容上,绩效评价可以与知识管理角度的研究相融合,构建知识流动、转移、分享、整合和评价一体化的形成知识优势的产学研协同创新体系,绩效评价也可以借用机制层次相关内容和观点,尝试着绩效评价机制的构建研究。

用生态学的理论视角研究产学研协同创新的相关问题,将会是未来该领域重要的研究前沿方向之一。产学研协同创新大多涉及数个创新主体,组成了一个复杂的社会系统,而这个社会系统同时也是一个小范围的生态系统,因此,生态理念为今后研究各创新主体间的资源等有效互动提供了一个崭新的研究视角。

**参考文献**

[1] 吴琨,殷梦丹,赵顺龙.协同创新组织模式与运行机制的国内外研究综述[J].工业技术经济,2016,35(4):9-16.

[2] 熊励,孙友霞,蒋定福,等.协同创新研究综述——基于实现途径视角[J].科技管理研究,2011(14):15-18.

[3] 张展,张洪娟.协同创新模式研究综述[J].沈阳大学学报(社会科学版),2015(6):751-756.

[4] 徐平,张秋实,朱志红.产学研协同创新研究综述[J].海南师范大学学报(自然科学版),2015(3):350-354.

[5] 何郁冰.产学研协同创新的理论模式[J].科学学研究,2012,30(2):165-174.

[6] 饶燕婷."产学研"协同创新的内涵、要求和政策构想[J].高教探索,2012(4):29-32.

[7] 虞佳,朱志强.基于生态学理论的产学研协同创新研究[J].科技通报,2013,29(7):225-230.

[8] 潘郁,陆书星,潘芳.大数据环境下产学研协同创新网络生态系统架构[J].科技进步与对策,2014,31(8):1-4.

[9] 王文亮,肖美丹,吴静,等.产学研协同创新生态机制影响因素研究[J].技术经济与管理研究,2016(3):34-38.

[10] 吴悦,顾新.产学研协同创新的知识协同过程研究[J].中国科技论坛,2012(10):17-23.

[11] 李久平,姜大鹏,王涛.产学研协同创新中的知识整合——一个理论框架[J].软科学,2013,27(5):136-139.

[12] 刘春艳,王伟.产学研协同创新联盟知识转移的策略研究[J].学习与探索,2015(3):110-113.

[13] 姚艳虹,周惠平.产学研协同创新中知识创造系统动力学分析[J].科技进步与对策,2015,32(4):110-116,117.

[14] 菅利荣.国际典型的产学研协同创新机制研究[J].高校教育管理,2012,6(5):6-11,32.

[15] 周正,尹玲娜,蔡兵.我国产学研协同创新动力机制研究[J].软科学,2013,27(7):52-56.

[16] 王延荣，赵文龙. 基于系统动力学的产学研协同创新机制研究 [J]. 华北水利水电学院学报（社会科学版），2013，29（5）：63-68.

[17] 张钦朋. 产学研协同创新政府引导机制研究——基于"2011 计划"实施背景 [J]. 科技进步与对策，2014，31（5）：96-99.

[18] 张海滨. 高校产学研协同创新的影响因素及机制构建 [J]. 福州大学学报（哲学社会科学版），2013，27（3）：104-107.

[19] 周晓阳，王钰云. 产学研协同创新绩效评价文献综述 [J]. 科技管理研究，2014，34（11）：45-49.

[20] 李成龙，刘智跃. 产学研耦合互动对创新绩效影响的实证研究 [J]. 科研管理，2013，34（3）：23-30.

[21] 段晶晶. 产学研协同创新绩效提升路径研究——一个理论分析框架 [J]. 内蒙古社会科学（汉文版），2014（2）.

[22] 王进富，张颖颖，苏世彬，等. 产学研协同创新机制研究——一个理论分析框架 [J]. 科技进步与对策，2013，30（16）：1-6.

## 第四节　京津冀区域协同创新发展比较分析

当前的经济全球化促进了区域经济一体化发展，区域经济一体化成为中国的发展战略。京津冀区域经济一体化发展是国家发展战略，目前稍滞后于长三角、珠三角。在京津冀区域经济一体化背景下，研究如何做到京津冀区域的相互补充和共赢发展，实现京津冀区域协同创新的共同发展，具有非常重要的意义和价值。

### 一、京津冀与长三角、珠三角的比较分析

近年来中国经济发展迅速，中国的城市发展越来越受到重视，"东部地区"因为是中国经济增长高速的典型区域，所以已经成为备受关注的重点区域。东部地区的长三角、珠三角和京津冀这三个区域，经济发展极化特征明显，在全国获得了巨大的发展机遇。

京津冀区域主要有北京市、天津市和河北省石家庄、邯郸、保定、唐山、邢台、廊坊、秦皇岛、张家口等，主要涵盖北京、天津及河北省各个区市。主要以汽车工业、机械工业及电子工业等为主，是国家重要的高新

技术及重工业基地。京津冀区域是中国规模最大、最具活力的北方经济发展地区，越来越引起中国乃至整个世界的瞩目。京津冀协同创新发展是一个重大国家战略，要优势互补、互利共赢、扎实推进，加快京津冀区域的协同发展。

长江三角洲（长三角）是长江入海之前的冲积平原，是中国第一大经济区，是中央政府定位的中国综合实力最强的经济中心、亚太地区重要国际门户、全球重要的先进制造业基地、中国率先跻身世界级城市群的地区。长江三角洲是由苏浙沪毗邻地区的16个城市组成的，主要有上海，江苏省南京、苏州、无锡、常州、镇江、扬州等8个城市，以及浙江省杭州、绍兴、宁波、嘉兴等7个城市。根据国务院2010年批准的《长江三角洲地区区域规划》，长江三角洲包括上海市、江苏省和浙江省，区域面积21.07万平方千米，占国土面积的2.19%。其中陆地面积186802.8平方千米、水面面积23937.2平方千米。

珠江三角洲（珠三角），是西江、北江和东江入海时冲击沉淀而成的一个三角洲，面积大约5.6万平方千米。它位于广东省中南部，珠江下游，毗邻港澳，与东南亚地区隔海相望，海陆交通便利，被称为中国的"南大门"。珠江三角洲地区有先进制造业、现代服务业基地和科技研发基地，是我国人口最多、创新能力最强、综合实力最强的三大区域之一，有"南海明珠"之称。珠江三角洲主要有深圳、广州、肇庆、东莞、佛山、珠海、中山等9个城市。2008年国务院制定的《珠江三角洲地区改革发展规划纲要（2008—2020年）》，把珠三角一体化列为国家战略。轨道、绿道"双道"建设，为珠三角区域一体化提速提供了基础性条件。[1,2]

京津冀与长三角、珠三角这三大区域发展特征明显，可以发挥地区优势，合理配置资源，加速区域经济可持续发展。

## （一）比较优势分析

京津冀和长三角、珠三角都有较强的先天优势，主要包括区位优势、交通优势和产业基础优势。区位优势方面，这三个区域都处在东部沿海经济发达地区，有很好的发展基础，地域广阔，资源丰盛。交通优势方面，这三个区域都有港口群，连有大量的铁路和公路，交通非常便利。产业基础方面，这三个区域工业化起步较早，有雄厚的产业基础，完善的产业链和产业集群对投资者产生了强大的吸引力。

## （二）产业结构比较

2019年，这三个区域总共完成地区生产总值为392389.73亿元，占全国的比重为39.60%；其中第一产业为14666.16亿元，占全国的比重为20.81%；第二产业为148964.12亿元，占全国的比重为38.58%；第三产业为228759.37亿元，占全国的比重为42.82%，可以看出三大经济圈在全国占有重要地位（如表6-10所示）。

表6-10　2019年三大区域的三次产业生产总值比较　　　　（亿元）

| 区域 | 地区 | 地区生产总值 | 第一产业 | 第二产业 | 第三产业 |
|---|---|---|---|---|---|
|  | 全国 | 990865.1 | 70466.7 | 386165.3 | 534233.1 |
| 京津冀 | 北京 | 35371.28 | 113.69 | 5715.06 | 29542.53 |
|  | 天津 | 14104.28 | 185.23 | 4969.18 | 8949.87 |
|  | 河北 | 35104.52 | 3518.44 | 13597.18 | 17988.82 |
|  | 合计 | 84580.08 | 3817.36 | 24281.42 | 56481.22 |
| 长三角 | 上海 | 38155.32 | 103.88 | 10299.16 | 27752.28 |
|  | 江苏 | 99631.52 | 4296.28 | 44270.51 | 51064.73 |
|  | 浙江 | 62351.74 | 2097.38 | 26566.60 | 33687.76 |
|  | 合计 | 200138.58 | 6497.54 | 81136.27 | 112504.77 |
| 珠三角 | 广东 | 107671.07 | 4351.26 | 43546.43 | 59773.38 |
| 合计 |  | 392389.73 | 14666.16 | 148964.12 | 228759.37 |
| 占全国的比重 |  | 39.60% | 20.81% | 38.58% | 42.82% |

注：本表绝对数按当年价格计算，指数按不变价格计算。
资料来源：《中国统计年鉴》（2020）。

从上文数据看，京津冀区域的经济发展不够好。应该说，经济发展是城镇化的核心驱动力，而京津冀区域城镇化水平较低的主要原因是河北省经济发展比较落后。2019年京津冀的地区生产总值为84580.08亿元，明显低于长三角的200138.58亿元。尤其是京津冀区域内部的差别悬殊，北京市2019年人均地区生产总值为164220元，天津市2019年人均地区生产总值为90371元，河北省2019年人均地区生产总值为46348元；而长三角经济圈内部的差别不是很大，上海市 2019 年人均地区生产总值为 157279 元，江苏省 2019 年人均地区生产总值为 123607 元，浙江省 2019 年人均地区生产总值为 107624 元（如表 6-11 所示）。

表 6-11　2017—2019 年三大区域的人均地区生产总值比较　　　（元）

| 区域 | 地区 | 2017 年 | 2018 年 | 2019 年 |
| --- | --- | --- | --- | --- |
| 京津冀 | 北京 | 128994 | 140211 | 164220 |
|  | 天津 | 118944 | 120711 | 90371 |
|  | 河北 | 45387 | 47772 | 46348 |
|  | 均值 | 97775 | 102898 | 100313 |
| 长三角 | 上海 | 126634 | 134982 | 157279 |
|  | 江苏 | 107150 | 115168 | 123607 |
|  | 浙江 | 92057 | 98643 | 107624 |
|  | 均值 | 108614 | 116264 | 129503 |
| 珠三角 | 广东 | 80932 | 86412 | 94172 |

注：本表绝对数按当年价格计算，指数按不变价格计算。
资料来源：《中国统计年鉴》(2020)。

这三个区域明确了自己的发展战略，并在发展中形成了具有竞争力的特色产业群，带动了区域经济的快速发展。长三角区域的产业升级与产业转移，使上海产业集聚在高新技术与制造业。珠三角的广东省形成了电子信息、机械、汽车、建筑材料和医药等 9 大支柱产业。在京津冀区域，天津有 2 个强集聚行业是石油天然气开采业及电子设备制造业；北京有 4 个强集聚行业是燃气生产供应业、电子设备制造业、印刷业仪器仪表及机械制造业；河北有 2 个强集聚行业是黑色金属矿采选业及其加工业。

### （三）城市结构分析

城市是中国城镇化的载体，一个区域内的城市结构与该区域城镇化进程密切相关。目前珠三角和长三角发展势头相当，都具备较强的综合经济实力。而京津冀区域城市发展差距很大，中小城市很不发达。

在经济学上，最有效的空间组织是大都市区域，在这个区域内有一个经济发展好的中心市区，它通过"极化""辐射扩散"和分工协作，带动周边市区的发展。这种效用发挥得好的区域当属长三角，珠三角次之，而京津冀相对差些。京津冀区域的北京和天津是直辖市，产业结构相似，这些年北京和天津在制造业、基础设施和自然资源方面进行着激烈竞争，形成资源和效率的极大浪费，导致北京、天津与河北之间产生了经济社会的二元结构。三大经济圈的城市建设情况以及市政设施情况比较见表6-12和表6-13。

表6-12 2019年三大区域的城市建设情况比较

| 区域 | 地区 | 城区面积（平方千米） | 城市建设面积（平方千米） | 城市绿地面积（公顷） |
| --- | --- | --- | --- | --- |
| 京津冀 | 北京 | 16410.0 | 1469.1 | 88704 |
|  | 天津 | 2639.8 | 1151.1 | 42921 |
|  | 河北 | 6309.3 | 2182.1 | 93701 |
|  | 合计 | 25359.1 | 4802.3 | 225326 |
| 长三角 | 上海 | 6340.5 | 1237.9 | 157785 |
|  | 江苏 | 15536.4 | 4648.3 | 298531 |
|  | 浙江 | 12421.8 | 3021.9 | 172280 |
|  | 合计 | 34298.7 | 8908.1 | 628596 |
| 珠三角 | 广东 | 16079.3 | 6397.7 | 502353 |

注：本表绝对数按当年价格计算，指数按不变价格计算。
资料来源：《中国统计年鉴》（2020）。

表6-13 2019年三大区域的市政设施情况比较

| 区域 | 地区 | 城市人口密度（人/平方千米） | 每万人拥有公共交通车辆（标台） | 人均城市道路面积（平方米） | 人均公园绿地面积（平方米） |
| --- | --- | --- | --- | --- | --- |
| 京津冀 | 北京 | 1137 | 17.41 | 7.68 | 16.40 |
|  | 天津 | 4939 | 10.93 | 12.98 | 9.21 |
|  | 河北 | 3063 | 13.18 | 19.95 | 14.29 |
|  | 均值 | 3046 | 13.84 | 13.54 | 13.3 |
| 长三角 | 上海 | 3830 | 9.29 | 4.72 | 8.73 |
|  | 江苏 | 2221 | 15.52 | 25.41 | 14.98 |
|  | 浙江 | 2064 | 16.42 | 19.02 | 14.03 |
|  | 均值 | 2705 | 13.74 | 16.38 | 12.58 |
| 珠三角 | 广东 | 3859 | 11.93 | 13.60 | 18.13 |

注：本表绝对数按当年价格计算，指数按不变价格计算。
资料来源：《中国统计年鉴》（2020）。

## (四) 城镇化分析

城镇化主要指城镇化发展中空间形态、人口状态的变化，以及经济发展变化。这里对三大经济圈的年末城镇人口比重，以及人口受教育程度进行比较，可以看到城镇化程度在逐渐提高，但还有进一步提升城镇化程度的空间和潜力，如下面表6-14和表6-15所示。

表6-14　2017—2019年三大区域的年末城镇人口比重　　　　（%）

| 区域 | 地区 | 2017年 | 2018年 | 2019年 |
| --- | --- | --- | --- | --- |
| 京津冀 | 北京 | 86.50 | 86.50 | 86.60 |
|  | 天津 | 82.93 | 83.15 | 83.48 |
|  | 河北 | 55.01 | 56.43 | 57.62 |
|  | 均值 | 74.81 | 75.36 | 75.9 |
| 长三角 | 上海 | 87.70 | 88.10 | 88.30 |
|  | 江苏 | 68.76 | 69.61 | 70.61 |
|  | 浙江 | 68.00 | 68.90 | 70.00 |
|  | 均值 | 74.82 | 75.53 | 76.30 |
| 珠三角 | 广东 | 69.85 | 70.70 | 71.40 |

资料来源：《中国统计年鉴》(2020)。

表6-15　2019年三大区域的人口受教育程度比较　　　　（人）

| 区域 | 地区 | 6岁及以上人口 | 未上过学的人口 | 大专及以上的人口 |
| --- | --- | --- | --- | --- |
| 京津冀 | 北京 | 15743 | 311 | 7948 |
|  | 天津 | 11563 | 247 | 3338 |
|  | 河北 | 54846 | 1950 | 6206 |
|  | 合计 | 82152 | 2508 | 17492 |
| 长三角 | 上海 | 17882 | 536 | 5496 |
|  | 江苏 | 59066 | 3156 | 10371 |
|  | 浙江 | 42727 | 2320 | 7028 |
|  | 合计 | 119675 | 6012 | 22895 |
| 珠三角 | 广东 | 82975 | 3047 | 11904 |

注：本表是2019年全国人口变动情况抽样调查样本数据，抽样比为0.780‰。

资料来源：《中国统计年鉴》(2020)。

## 二、京津冀区域的优势比较

从过去和现在来看,京津冀区域与长三角和珠三角相比,还是存在一些优势的。主要优势如下[3,4]。

### (一) 京津冀区域的经济基础雄厚

京津冀区域曾经不亚于长三角、珠三角区域。近代的京津冀区域中的天津曾经是北方的工业、金融和商业中心,堪称国际化都市。发展中的天津曾经拉动了北京及河北的工业发展。北京近30年发展非常迅速,从一个消费城市逐渐发展成工商业城市,其发展并不亚于广州和上海。尽管近些年天津发展较缓慢,但它的工业基础和发展实力还在,新兴的开发区发展很快。河北是农业大省,是全国最大的小麦和蔬菜生产基地,还有石家庄制药、唐山钢铁、邯郸煤矿等工业。与长三角、珠三角区域相比,京津冀区域有丰富的矿产资源和雄厚的基础产业。北京和天津在金融、高新技术产业等方面,也并不亚于长三角及珠三角中心城市。京津冀区域的河北落后,北京、天津周围没有形成强大的城市群,这是京津冀区域发展落后于长三角和珠三角的主要原因。

### (二) 京津冀区域的资源有优势

京津冀区域有物产丰富的大平原,有山脉、林地、草原和河流,有海岸线和港口,还有很多名胜古迹。不过京津冀区域水资源缺乏、风沙大、气候干燥,这些不如长三角、珠三角区域。但北京和天津是中国的两大直辖市,有政治优势和社会资源优势,而且汇聚了大量的科研单位、高等学府及优秀人才,这些都优越于长三角、珠三角区域。然而京津冀区域中的河北经济技术比较弱,优秀人才匮乏,这些阻碍了京津冀区域的快速发展。

### (三) 京津冀区域的合作空间大

京津冀区域发展是一个系统整体,曾经形成的紧密度可能超过了长三角、珠三角区域，但是现在的融合却不及长三角和珠三角。虽然京津冀一体化发展被提出来很久了，但是由于三地发展实力差距、行政壁垒和观念阻碍等原因，以及社会经济环境问题，还没有形成实际的真正意义上的合作，很大程度上还只是停留在初期的概念上的合作，并没有实质上的合作内容，还有很大的合作潜力和很多的合作空间。相关比较见表6-16。

表6-16 京津冀区域的比较优势

| 区域 | 优 | 势 |
|------|------|------|
| 京津冀区域 | 比较雄厚的经济基础 | 重工业是长项 |
| | 地理位置优越 | 明显的资源优势 |
| | 很大的合作潜力 | 很多的合作空间 |

## 三、京津冀区域协同创新发展策略

### （一）阻碍发展的观念理念上的转变

要真正强化京津冀区域协同发展的观念和理念。我们可以把北京、天津两个直辖市看作京津冀区域发展的两个主角，河北是配角，发展各有侧重，北京、天津带动整个京津冀区域的发展。京津冀区域的三地各有优势，可以相互补充，实现共赢协同发展。市场经济下，经济发展逐渐从行政区整合走向市场整合。我们应当从"行政区观念"走向"市场观念"和"区域观念"。当前与市场经济配套的区域文化是理性、包容、开放、创新的。京津冀三地要进一步解放思想，革新观念，通过SWOT分析，发挥自身的优势、克服自身的劣势，抓住外界发展的机会，把不利的威胁变成发展机会，强化市场竞争理念和共赢发展理念，谋求京津冀区域三地之间和谐的长期的可持续发展。

### （二）实现资源、市场、信息的共享

加速京津冀一体化的发展进程，如构建金融信用体系和交通设施网络化的平台，逐渐把市场资源融合起来，实现各种要素在三地之间的自由流

动。硬件上的网络化，可以依据北京城市规划的"两轴两带多中心"，进而促进京津冀三地的协同发展。目前京津之间的铁路专线基本实现公交化，北京、天津之间33分钟直达；北京、石家庄之间的高铁可以67分钟到达。但是河北内部的交通还不够发达，这样不利于京津冀区域整体交通的快速发展。在软件上也没有形成一体化发展。京津冀区域的发展可以借鉴长三角区域的一卡通制，强化和完善京津冀区域三地异地结算等，建立扁平化的组织结构，促进京津冀区域三地的合作。通过京津冀区域三地合作，逐步缩小京津冀三地的差距，促进经济的共赢发展，实现京津冀区域的协同发展。

### （三）充分发挥政府、企业和社会的合力互动

由于京津冀区域政府的力量远远大于市场的力量，所以我们要加强京津冀区域三地政府的交流与协作，相关政府组织要给予更多的重视与引导，并从中协调各方面的利益和实现资源共享。行政的手段协同市场管理的方法，逐步去除行政壁垒的阻碍，进而促进京津冀区域的协同发展。为了进一步保障京津冀区域三地的协调合作创新发展，基于系统论的思想，我们把京津冀区域的政府、企业和社会看作一个整体系统，可以建立京津冀三地定期的高层联席会议制度，通过政府、企业和社会三者合力互动，推进京津冀区域的合作共赢与长期发展。

### （四）找准定位，调整战略

北京是中国的心脏，是全国的政治中心、文化中心、国际交往中心和技术创新中心，为了释放能量，要逐步实现重工业的周边转移。天津要依托自身的基础、发挥自身的优势，成为京津冀区域的工业、商贸中心和通商口岸。河北依据北京和天津的辐射作用，基于河北的自身基础，承接北京的产业外移和产业定位，发展定位于农业产业、制造业基地以及旅游业等。京津冀区域总的发展思路是，北京要谋求释放压力，天津要再次飞跃发展，河北要借力快速发展。只有这样，才可以打造中国经济的第三极，真正实现京津冀区域协同创新的可持续发展。[5-8]见表6-17。

表 6-17　京津冀协同创新发展的策略

| 策略 | 具体做法 |
| --- | --- |
| 转变阻碍京津冀一体化发展的观念理念 | 强化区域发展观念理念。把北京、天津看作本区域的发展中心，三地优势互补，共赢共胜 |
| 三地之间实现资源、市场、信息的共享 | 北京以"两轴两带多中心"为依据，京津冀协调发展相结合，逐步实现三地对接 |
| 充分发挥政府、企业和社会的合力互动 | 三地政府加强沟通和合作，成立区域协调组织 |
| 找准自己定位，调整发展战略 | 京津辐射，趋于专业化分工的定位 |

经济全球化使区域经济一体化成为中国发展战略，京津冀区域一体化发展成为紧随长三角、珠三角区域发展的一个重大国家战略。在京津冀区域经济一体化背景下，通过京津冀区域内自身的分析比较，通过京津冀区域与长三角、珠三角区域发展的分析比较，依据 PEST 分析和 SWOT 分析，基于系统论思想，政府、企业和社会三者合力互动，发挥优势，克服劣势，转变威胁，利用机会，实现京津冀区域的优势互补和互利共赢，促进京津冀区域协同创新的可持续发展。

**参考文献**

[1] 徐长山，任立新. 京津冀、长三角、珠三角经济圈之比较 [J]. 社会，2014 (9)：40-42.

[2] 周璐. 长三角、珠三角和京津冀经济圈发展特征比较 [J]. 中国商界，2008 (6)：136.

[3] 张亚明，王帅. 京津冀区域经济差异分析及其协调发展研究 [J]. 中国科技论坛，2008 (2)：67-70.

[4] VANDERMEULEN V, VERSPECHT A, VERMEIRE B, et al. The use of economic valuation to create public support for green infrastructure investments in urban areas [J]. Landscape and Urban Planning, 2011, 103 (2)：198-206.

[5] 何恬，刘娟. 京津冀区域协同创新体系建设研究 [J]. 合作经济与科技，2013 (20)：4-5.

[6] 刘铁. 京津冀经济圈协同发展模式研究 [J]. 商业时代，2010 (17)：134-135.

[7] MA L W, LIU P, FU F, et al. Integrated energy strategy for the sustainable development

of China [J]. Energy, 2011, 36 (2): 1143 – 1154.
[8] 刘勇, 李仙. 京津冀区域协同发展的若干战略问题 [J]. 中国发展观察, 2014 (5): 17 – 18.

## 第五节　京津冀区域生态创新协同发展研究

2015 年 4 月，中共中央政治局会议审议通过的《京津冀协同发展规划纲要》指出，推动京津冀协同发展是一个重大国家战略，核心是有序疏解北京非首都功能，并提出环保、交通和产业升级转移是京津冀协同发展的三个重点领域。2015 年 3 月十二届全国人大三次会议在《关于当前国民经济和社会发展情况的报告》中明确指出，在 2015 年经济社会发展中要着重考虑经济发展空间格局的优化、"一带一路"倡议的实施及京津冀的协同发展等，要继续深入实施节能减排、低碳发展及生态资源环境保护，加强生态文明建设，强化环境治理和生态保护，标志着中国区域经济发展进入了一个新阶段。在国内这个大的发展环境和发展趋势下，本书基于以上方针政策，探讨京津冀区域生态创新发展，有重要的理论意义。

### 一、京津冀区域生态创新发展的迫切性

京津冀区域地处东北亚的中心位置，是环渤海经济圈的核心地带，是中国最具发展潜力的区域之一。中央提出京津冀协同发展，一个重要背景就是环境污染已经威胁到北京生存，所以加强生态资源环境保护，化解北京大气雾霾，是京津冀协同发展的重要内容之一。习近平总书记 2014 年在京津冀协同发展座谈会上强调，实现京津冀协同发展是一个重大国家战略，并提出要着力扩大环境容量生态空间，加强生态资源环境保护合作，在已经启动大气污染防治协作机制的基础上，完善水资源保护、防护林建设、清洁能源使用、水环境治理等领域生态合作机制。但是，京津冀区域水资源紧缺、土地资源不足制约着京津冀区域的协同发展。京津冀区域的生态脆弱性也限制着京津冀区域协同发展，京津冀区域处于我国北方农牧交错带的前缘，是典型的生态过渡区，其生态压力已临近或超过生态系统承受阈值。尤其，近年来随着京津冀区域人口膨胀速度加快，京津冀区域

自然生态环境急剧恶化，大气污染问题严重，2014年京津冀区域就有7个城市是大气质量较差的前10名。

生态环境问题是制约京津冀区域协同发展的关键问题，同时也是京津冀三地最直接的发展契机，是《京津冀协同发展规划纲要》的三个率先突破之一。生态创新发展是破解生态环境难题的重要途径，是推进京津冀区域经济社会协同发展的重要内容，是实现区域可持续发展的重要途径。京津冀区域协同发展是一个重大的国家战略，京津冀三地在区域协同发展的过程中必须生态环境治理先行，以良好的生态环境和资源禀赋，推动京津冀三地的深度融合创新发展。近年来，伴随着中国工业化进程的加快，中国城镇化发展进程也快速推进，在京津冀区域的雾霾天气影响人们健康的同时，三地生态治理问题也逐渐引起大家的重视。京津冀区域协同发展上升为国家重大战略的重要原因之一也是因为区域生态环境问题，而生态环境问题也在倒逼京津冀区域进入政策一体化、交通一体化、生态环境保护一体化和产业一体化的区域创新发展时期。生态环境容量是京津冀区域协同发展的基础，京津冀区域协同发展要以区域生态创新发展为首要。生态资源环境是经济发展和社会进步的客观基础，要保障京津冀区域协同发展，首先要进行京津冀区域生态创新发展。京津冀区域生态一定程度制约了京津冀地区的经济和社会的协同发展。正确处理好经济发展同生态环境保护的关系，寻求既能保护环境，又能促进经济发展的方案，追求生态、生产、生活"三生共赢"发展，才能促进京津冀区域环境、经济、社会的可持续发展。

## 二、新常态下京津冀区域生态创新发展

我国经济社会发展已经进入新常态，经济发展追求又快又好的平稳发展，发展动力也从要素驱动开始转向创新驱动，区域经济发展也呈现出从规模速度型增长转向质量效率型增长，开始追求效率与效果的一致性协调发展。我国区域发展战略的新思路在经济新常态下，对京津冀区域协同发展赋予了新的发展方向和发展要求，京津冀区域在生态环境建设方面已提升到国家层面。把生态文明建设与生态环境保护引入区域发展和城镇化建设中，融合到京津冀空间区域发展层面上来，用科学发展观来指导布局京

津冀区域的生态空间、生产空间和生活空间，提高区域环境容量和生态空间，给予区域自然生态资源以更多的修复空间，科学有序地进行京津冀区域协同发展。

习近平总书记于 2013 年提出了建设"新丝绸之路经济带"和"21 世纪海上丝绸之路"的倡议。"一带一路"倡议的提出，既符合历史逻辑和丝路精神，又符合我国改革开放原则。"一带一路"不仅关乎经济问题，也是中国发展的大机遇，有"中国梦"的新时代内涵，借助区域合作平台，共同打造出经济融合与生态环保的利益共同体。如今我国已经把生态文明建设和生态环境保护放在了很重要的位置。在"一带一路"建设中，我国政府明确表示在发展中要坚持生态文明建设理念，要在生态环境保护和气候变化应对等方面加强合作，共同建设绿色发展丝绸之路。中共中央政治局会议更是明确提出，必须在全球范围内加快进行生态文明建设，绿色发展应该成为判断一个国家综合国力和国际竞争优势的新标准。"一带一路"是跨区域的、共同发展的倡议，它立足于我国改革开放以来的综合国力，统筹国内区域发展与对外开放格局，触动区域现有合作模式。目前，绿色增长理念普及全球，"一带一路"倡议可促进相关沿线国家在生态经济领域的可持续发展。"一带一路"倡议的实施，有力于推动区域协调发展及优化区域发展格局。"一带一路"倡议和区域协同发展战略可以有机衔接、互为依托，主要战略方向都是以现有城市群、经济带为基础进行拓展延伸，同时都具有立足全局、内外统筹发展的重要特点。在国家统一规划下，有助于各区域进一步明确功能定位，发挥区域各地的比较优势，深化产业投资合作、提高资源配置效率、加快物流协调机制，形成经济合作发展的整体合力。[1]

京津冀区域的生态资源环境是一个整体，区域生态创新发展是京津冀区域协同发展的主要突破口和重要措施途径。改革开放 40 多年，中国实现经济快速发展的同时，生态环境也出现了问题，大气和水源、土壤都遭到了不同程度的污染和破坏。但是中国优先在区域内进行了绿色发展，中国先进的环保技术和实用理念的推广和借鉴，可以带动相关国家共同建设生态文明、建设绿色丝绸之路，实现全人类经济、社会和环境的可持续发展。[3] 近年来我国明确了京津冀区域发展中各自的城市发展定位，并以区域生态创新发展为引领，有效促进京津冀区域实现互补与协调发展，进一步提高京津冀区域的整体发展实力。中央政府提出的京津冀协同发展战略为京津冀生态创新发展提供了一个良好的发展契机，生态创新发展应该成为京津冀区域协同发展的突破口和优先发展领域。

### 三、京津冀区域生态创新发展策略

中国经济已经步入新常态，迫切需要寻求新的动力源，这时出现了"一带一路"倡议、京津冀协同发展战略、长江经济带战略，倡议和战略的顶层设计规划及实施，将带动经济社会的巨大增长。倡议和战略之间是相互关联、彼此相关的，共同肩负着寻找中国经济新动力的使命，"一带一路"的推进依托于国内区域的整合同时又将经济空间拓展到国际。京津冀协同发展主要是为了解决三地发展的不平衡问题。"一带一路"是新常态下中国的重要机遇，不仅有利于改善中国发展的外部环境，同时也有助于优化区域发展格局、促进区域协调发展，还将推动新常态下中国经济社会平稳健康和谐发展。"一带一路"是一个长期的渐进发展过程，也只有通过不断深化区域经济合作，才能逐步实现其共享、共赢的发展目标。

#### （一）协调京津冀区域发展，促进生态文明建设

京津冀三地 2019 年城镇化发展、GDP 及三次产业结构情况如表 6-18、表 6-19 所示。

表 6-18　2019 年城镇化人口及人均 GDP 情况

|  | 年末城镇人口比重（%） | 大专及以上人口（人） | 人均 GDP（元/人） |
| --- | --- | --- | --- |
| 全国 | 60.60 | 148170 | 70892 |
| 北京 | 86.60 | 7948 | 164220 |
| 天津 | 83.48 | 3338 | 90371 |
| 河北 | 57.62 | 6206 | 46348 |

注：本表是 2019 年全国人口变动情况抽样调查样本数据，抽样比为 0.780‰。
资料来源：《中国统计年鉴》（2020）。

表 6-19 2019 年京津冀 GDP 及三次产业结构情况

| | GDP（亿元） | 第一产业比重（%） | 第二产业比重（%） | 第三产业比重（%） |
|---|---|---|---|---|
| 全国 | 990865.1 | 7.1 | 39.0 | 53.9 |
| 北京 | 35371.28 | 0.3 | 16.2 | 83.5 |
| 天津 | 14104.28 | 1.3 | 35.2 | 63.5 |
| 河北 | 35104.52 | 10.0 | 38.7 | 51.3 |

注：本表绝对数按当年价格计算，指数按不变价格计算。
资料来源：《中国统计年鉴》（2020）。

由表 6-18、表 6-19 可以看出，京津冀三地经济发展不平衡。从人均 GDP 看，2019 年，北京、天津人均 GDP 均超 90000 元/人，而河北仅为 46348 元/人；从产业结构看，北京以第三产业为主，比重达到 83.5%，天津、河北第二产业比重仍较大，分别为 35.2% 和 38.7%；从城镇化率看，京津冀三地 2019 年末城镇人口比重分别为 86.60%、83.48% 和 57.62%。综合以上可以看出，北京已经处在后工业化的发展阶段，天津处在工业化发展阶段的后期，而河北省还处在工业化发展阶段的中期。这样就迫切需要在"一带一路"倡议和京津冀协同发展战略的顶层规划设计下，进一步具体实施三地的均衡协同创新发展，有序疏解北京非首都功能，促进京津冀的长期可持续发展。

现阶段，我国非常重视和注意加强生态文明建设，习近平总书记在党的十八大以来，就生态文明建设做了很多相关的重要指示。习近平总书记强调京津冀协同发展是新首都经济圈营造、区域创新发展深入的需要，是探索生态文明建设的有效路径，是一个重大国家战略。基于生态的角度，人的生存与发展离不开自然界，是一个共生存的系统整体，人可以利用和改造自然，但人的行为要符合自然规律，这就需要进行生态文明建设。生态文明建设遵循自然规律，考虑资源环境承载力，以可持续发展为目标。党中央强调要把生态文明建设与政治法律建设、经济建设和社会文化建设全面融合一起发展，以生态文明建设为契机，基于生产、生态、生活"三生共赢"发展理论，促进我国经济、社会、环境的和谐发展。京津冀区域人口密度大，生态环境脆弱，在京津冀协同发展同时可以逐步建设生态文明区，有序进行京津冀区域的水系和绿地系统、生态屏障等建设，实现人与自然和谐发展,可以有效推动京津冀区域一体化全面建设。通过京津冀区域三地的协同发展,可以使其在信息技术、生态资源、地域环境及人才流动等方面互相补充,互赢互惠相互融合发展,推动京津冀经济、社会、环境和资源等的可持续发展。在"一带一路"倡议下,可以通过绿色物流交通建设、生态资源环境保护、大气污染防治以及京津冀三地产业协作发展,以最小的资源环境代价实现最大效益的可持续增长,促进京津冀区域一体化发展,促进京津冀地区生态环境的持续改善,实现京津冀区域的可持续发展。[3,4]

## (二)加强区域产业协作,扩大环境容量生态保护

从概念上来说,生态位一般可以分为生境生态位、超体积生态位和功能生态位。在自然生态系统中,生态位一般是指一个物种的时间位、空间位以及其与相关物种的彼此关系,同时也可以表现出该物种与其所处环境的相互关系。[5]基于生态学视角,借鉴生态位概念,受于自然生态系统启发,针对产业(主要是工业)活动及其对自然系统的影响,出现了产业生态位,一般指特定产业在整体产业经济循环中,与其他相关产业在互动过程中所形成的相对地位、产业功能及价值。即通过物质流与能量流的多层次利用来减少体系熵值,从而实现产业与环境的协同发展。在京津冀区域协同发展中,要本着优势互补与互利共赢原则,推动新兴产业兴起、发展及促进已有产业转型升级,促进产业链的空间分工布局优化,促进京津冀在信息技术和新能源等新兴产业领域的进一步合作,促进京津冀区域产业一体化发展。

京津冀区域已经建立了多个层次及宽广领域的协同发展合作互惠关系,这样不仅可以疏解北京非首都功能,缓解北京"大城市病"问题,更可以进一步完善京津冀区域产业体系,进而成为拉动我国经济发展的新增长极。要以"一带一路"倡议为指导,完善京津冀区域协同发展机制,建立沿线省区的协同发展体制,明确京津冀区域三地的功能发展定位,实现其在信息资源、产业经济、人才技术和要素创新等方面的优化配置,逐步解除制约各种要素资源自由流动的因素和障碍,加快构建京津冀区域一体化发展的体系建设,加快建立和完善京津冀区域水资源保护和水环境污染

治理协作机制以及大气污染联防联控协作机制和生态建设补偿机制等。在京津冀区域大气污染严重的情况下，尤其要把大气污染联防联控作为先行领域来有效推动京津冀区域一体化协同发展。鉴于京津冀区域处在同一个生态系统中，自然资源和生态环境是共同拥有和相互影响的，我们可以建立生态缓冲区域，加速推进区域生态资源环境建设与保护的有效对接，在空气质量、水资源及土壤环境等各方面完善生态建设补偿机制，建立健全生态环境保护规划实施机制。同时在清洁能源利用和绿色低碳经济等各方面建立合作机制，基于"三生"承载力，促进京津冀区域的经济、社会和环境的和谐发展。

### （三）实现生态一体化，加强生态资源环境保护

生态资源环境的保护，不仅关系着广大民众的切身利益，也关系着中国发展的长久利益，我们要深刻认识保护生态环境、治理环境污染的紧迫性和艰巨性。参考美国经济学家弗里德曼等人关于区域协同发展过程的观点可以知道，京津冀区域的协同发展主要还是要素一体化，这是处在区域协同发展过程的发展初期，到高级的完全一体化还需要一个过程，这个发展阶段主要还是要注重产业、交通及生态领域的发展，逐步实现产业转移一体化、交通设施一体化及生态环境保护一体化等的协调发展。我们要加强生态环境保护，逐步构建系统化、功能化和一体化的京津冀生态环境保护系统，构建区域时间空间发展生态圈，推进生态涵养工程，建设生态安全屏障，做好京津冀三地的大气气候调节和生态环境保护问题。如在京津冀区域的雾霾问题上，因大家共有一片天空，污染不是单独某个地方可以独立解决的，需要我们突破行政区划的壁垒，充分发挥市场对资源配置的作用，通过中央政府顶层设计、统一规划和地方政府协同开展大气污染防治工程来解决。京津冀区域经济发展快、社会变化大，在经济发展和社会进步的同时也严重危害了生态资源环境，鉴于生态资源环境承载力及"三生"承载力有限，所以我们要高度重视生态资源建设和自然环境保护，在"一带一路"倡议指引下，逐步构建京津冀区域生态资源环境保护合作机制，逐渐实现循环经济发展和绿色低碳经济发展。在新常态下，京津冀区域协同创新发展是我国的重大国家战略，这就需要京津冀三地携起手来齐

心协力进行区域生态环境建设，逐步实现京津冀区域内生态资源环境保护一体化发展，做好京津冀区域内的生态资源环境保护。在京津冀区域内积极建设生态创新城市，构建生态隔离区和生态廊道，构建以创新之城、低碳之城、循环之城、绿色之城为目标的生态创新城市模式，逐步形成城市群生态创新体系。积极推进京津冀三地节能、减排和降耗，形成节约资源和良好环境的空间布局，促进京津冀区域资源型生态创新城市的可持续发展，实现京津冀区域的生产、生活和生态"三生共赢"和谐发展。

总之，京津冀协同发展是新时代中国发展的重大战略之一，而生态资源环境保护是京津冀协同发展的三个重点领域之一。"一带一路"倡议、京津冀协同发展战略、长江经济带战略，可以优化中国区域发展格局，形成内外统筹的区域发展新格局。在京津冀协同发展和"一带一路"倡议下，基于生态位视角，考虑资源环境承载力和"三生"承载力，结合京津冀区域三地发展情况，我们提出了京津冀区域生态创新发展策略，即要加强区域产业协作，优化产业空间布局，促进区域产业一体化和生态资源环境保护一体化发展；要扩大环境容量生态保护空间，促进生态文明建设；要加强生态资源环境保护，促进京津冀区域经济、社会、环境的可持续发展。

## 参考文献

[1] 王辉. "一带一路"助力区域协调发展［J］. 中国经济报告, 2015（5）: 30-33.

[2] 克虏伯. 新论: "一带一路"传递生态理念［N］. 人民日报, 2015-06-12（5）.

[3] 吴良镛, 等. 京津冀地区城乡空间发展规划研究三期报告［M］. 北京: 清华大学出版社, 2013.

[4] 谈镇. 习近平区域经济发展思想及其实践展开［J］. 南京社会科学, 2015（4）: 1-6.

[5] 丁浩, 张朋程, 霍国辉, 等. 战略联盟的生态位协同演化及状态评价［J］. 山东工商学院学报, 2012（1）: 59-64.